高校体育教学与
体育文化融合发展研究

李军卫　著

中国原子能出版社

图书在版编目（CIP）数据

高校体育教学与体育文化融合发展研究/李军卫著
. --北京：中国原子能出版社，2022.12
ISBN 978-7-5221-2473-5

Ⅰ．①高… Ⅱ．①李… Ⅲ．①体育教学－教学研究－
高等学校 Ⅳ．①G807.4

中国版本图书馆 CIP 数据核字（2022）第 234949 号

高校体育教学与体育文化融合发展研究

出版发行	中国原子能出版社（北京市海淀区阜成路 43 号　100048）
责任编辑	王　蕾
责任印制	赵　明
印　　刷	北京九州迅驰文化传媒有限公司
经　　销	全国新华书店
开　　本	787 mm×1092 mm　1/16
印　　张	10.375
字　　数	221 千字
版　　次	2022 年 12 月第 1 版　　2024 年 1 月第 2 次印刷
书　　号	ISBN 978-7-5221-2473-5　　定　价 68.00 元

/前　言/

进入 21 世纪后，随着体育教育全球化浪潮的逐步推进，现代体育教学改革的特征愈发凸显，引发教育观念、教育方式以及学习方式的不断变化。体育教育学者们发现，作为学科传统奠基理论资源的体育教育面对转变丧失了解释力，已无法对其进行有效建构，难以为广大体育教育工作者提高专业化能力。此外，随着体育教学地位的不断提升，在创新思想的指导下，针对高校体育教学理论与实践的研究逐渐增多，但由于深受传统体育教学思想的禁锢，我国高校体育教学还有待提升。鉴于此，特撰写《高校体育教学与体育文化融合发展研究》一书，旨在为我国高校体育教学的建设与发展提供科学的理论指导，以求完善我国高校体育教学，并促进其健康发展。

本书分为十章，重点对体育教学改革背景下的高校体育教学与体育文化融合发展进行了系统研究。第一章为高校体育教学内容，阐释了体育教学内容的选择与开发，对现阶段我国高校体育教学内容体系的构建以及改革发展进行了深入研究。第二章为高校体育教学模式，在阐述了高校体育教学模式体系基本知识的基础上对常见教学模式的应用进行了科学指导，并对高校体育教学模式体系的构建及未来发展走向进行了深入思考。第三章为高校体育社团建设，主要从高校体育社团的发展、功能特点、实证研究等方面对其功能构建进行了解读。第四章为高校体育教学模式的构建，对不同的教学模式进行了分析。第五章为体育文化综述，通过阐述体育文化的概念、内涵和特点，全面论述了体育文化的具体内容。第六章为校园体育文化概论，主要从相关概念解析、内涵与本质、结构与内容、特征与功能等方面论述了校园体育文化的具体意义。第七章为校园体育文化发展与传播。第八章为校园体育健身文化建设研究。第九章为校园竞技体育文化建设研究。第十章为校园体育艺术文化建设研究。

本书在编撰过程中，作者参考了许多关于体育学与教育学方面的书籍资料，借鉴了许多专家和学者的研究成果，在此表示诚挚的谢意。由于时间和水平有限，疏漏之处在所难免，恳请诸位专家学者与广大读者不吝赐教。

作　者

/目　录/

第一章　高校体育教学内容 ……………………………………………………… 1

　第一节　高校体育教学内容的选择与开发 ……………………………………… 1

　第二节　高校体育教学内容体系的构建过程 ……………………………………15

　第三节　高校体育教学内容体系的改革发展 ……………………………………18

第二章　高校体育教学模式 ………………………………………………………22

　第一节　高校体育教学模式的内容与应用 ………………………………………22

　第二节　高校体育教学模式体系的构建过程 ……………………………………34

　第三节　高校体育教学模式的发展趋势 …………………………………………36

第三章　高校体育社团建设 ………………………………………………………40

　第一节　高校体育社团发展与功能特点 …………………………………………40

　第二节　高校体育社团功能实证研究 ……………………………………………45

　第三节　高校体育社团的教育功能构建 …………………………………………52

第四章　高校体育教学模式的构建 ………………………………………………56

　第一节　体育教学模式与科学、人文、健康教育相融合的教学模式构建 ………56

　第二节　"双向主体能动式"教学模式的构建 ……………………………………65

　第三节　快乐体育教学模式的解构与重建 ………………………………………67

第五章　体育文化综述 ……………………………………………………………70

　第一节　体育文化的概念 …………………………………………………………70

　第二节　体育文化的内涵 …………………………………………………………73

　第三节　体育文化的特点 …………………………………………………………75

第六章　校园体育文化概论 ………………………………………………………77

　第一节　校园体育文化的相关概念解析 …………………………………………77

　第二节　校园体育文化的内涵与本质 ……………………………………………82

　第三节　校园体育文化的结构与内容 ……………………………………………83

第四节　校园体育文化的特征与功能 ………………………………………… 86

第七章　校园体育文化发展与传播 ………………………………………… 94

第一节　校园体育文化的发展现状与趋势 ………………………………… 94

第二节　校园体育文化的多元化传播 ……………………………………… 98

第三节　文化强国战略背景下我国校园体育文化传播的新思考 ………… 102

第四节　校园体育文化的现代化发展与创新 ……………………………… 105

第八章　校园体育健身文化建设研究 …………………………………… 110

第一节　校园体育健身文化形成的背景及特征 …………………………… 110

第二节　校园体育健身活动的科学指导与安全管理 ……………………… 112

第三节　阳光体育背景下校园体育文化建设路径探索 …………………… 119

第九章　校园竞技体育文化建设研究 …………………………………… 123

第一节　竞技体育文化概论 ………………………………………………… 123

第二节　校园竞技活动与育人 ……………………………………………… 127

第三节　我国高校体育竞技人才培养模式构建 …………………………… 130

第四节　学校竞技体育与校园体育文化在多层面上的互动发展 ………… 134

第十章　校园体育艺术文化建设研究 …………………………………… 139

第一节　校园体育文化与艺术元素的融合 ………………………………… 139

第二节　体育艺术教育与校园文化的互动关系及互动模式 ……………… 143

第三节　校园体育教学艺术及发展 ………………………………………… 146

第四节　高校体育艺术类课程体系的构建与实施 ………………………… 155

参考文献 …………………………………………………………………… 159

第一章　高校体育教学内容

第一节　高校体育教学内容的选择与开发

教学内容是体育教学最重要的构成要素之一，是连接教师与学生的重要载体。如果没有教学内容，教学活动就无法正常进行；如果教学内容的选择和使用不够科学，就会直接影响预期教学效果的实现，也就不能完成体育教学任务和体育教学目标。由此可见教学内容的重要性。本章围绕体育教学内容展开论述，对体育教学内容的基本知识、选择、加工及开发、教学内容体系构建以及现阶段体育教学内容的改革与发展进行系统研究，为科学构建现代体育教学内容体系，促进体育教学内容的发展完善提供理论指导。

一、体育教学内容概述

（一）体育教学内容的概念

体育教学内容，是实现体育教学目标的重要物质载体，主要是指在体育教学过程中对体育知识和技能体系等方面的选择和运用。教学内容从书面知识变为学生的知识积累和运动技能提高，这一过程要以体育教学目标为指导，通过合理的教学方法和教学组织在一定的教学环境中进行转化，这一转化过程的所有内容就是教学内容。

可以通过以下几个方面深入理解体育教学内容：第一，体育教学内容是教学的材料和依据。在体育教学实践中，教师对体育教学内容的选择要以实现体育教学目标为指导，根据自己的教学经验和对体育教学的理解，从众多体育教学材料中选出最佳的、最能实现教学目标的内容，体育教学内容是教师从丰富的体育文化知识和技能理论当中精挑细选而来的；第二，体育教学内容在教师与学生中间扮演着中介和媒体的角色，是教师和学生之间的信息交流；第三，体育教学内容制约体育教学方法和教学手段的选用；第四，体育教学内容决定体育教学的效果和体育教学目标实现的程度。

（二）体育教学内容的特点

第一，教育性。体育教学内容的教育性表现在通过体育教学内容的学习，能实现体育教学功能，促进学生的知识、技能、生理、心理、社会适应能力的发展，对学生的道德品质有正面引导作用，能使学生成为更健康、完善发展的人。在现代体育教学内容中，其教育性可以通过以下几个方面进行充分的阐明：促进受教育者身心发展、摒弃落后危害活动、活动冒险性和安全性的统一、广泛的适应性、避免过于功利性。

第二，实践性。体育教师将体育教学内容传授给学生，主要是通过学生的身体练习进行的。体育教学内容最大的特点其主要构成是体育运动项目以及相关的身体练习，所以其实质上是身体运动的一种实践，而其他教学内容都不具有这种特质。从本质来看，体育教学内容的学习并不单单是学生大脑思维的活动，不仅需要学生对教学内容进行理解，通过学生的思维活动解决其懂与不懂、知与不知的问题，还要通过学生实际从事运动学习和身体锻炼，使学生在身体运动中体会肌肉本体感觉的形成与动作记忆，解决其会与不会的问题。而后者的身体实践是体育学习的主要内容和形式。

第三，健身性。体育教学内容主要围绕体育展开，并通过学生的身体练习和实践实习，因此必然具有健身性，体育教学内容健身性具体是指学生学习体育教学内容，参与体育锻炼，在此过程中，通过身体承受一定量和强度的运动负荷，为学生提供了体能增强以及健康增进的可能性，使身体素质得到提高和改善。增强学生的体质是体育教学内容健身的具体表现。体育教学内容的健身性的科学实现必须建立在科学控制学生身体练习的运动负荷基础之上，对运动负荷的科学安排与控制要符合学生身心发展特点、符合教学内容的基本要求和范围，否则体育教学的健身性就不能实现，并且还会对学生身心产生不良影响。

第四，娱乐性。早期体育运动具有娱乐性，娱乐性是其起源和产生的根本原因。现代体育教学内容为各项体育运动，这些体育运动多源于运动游戏，故具有较强的娱乐性。在体育教学中，体育教学内容的学习方式往往是运动学习以及运动比赛，这是实现体育教学内容的重要和有效途径，这些运动之所以具备乐趣，就是源于运动学习和运动竞赛过程中存在的诸如竞争、合作、表现欲等一系列的心理过程，在这些心理过程中就能够在很大程度上体会到乐趣，从而有助于提高学生体育学习和参与的兴趣。

第五，人际交往的开放性。体育教学内容有很多，但大多数内容的主要形式都是集体性活动，与其他学科教学内容相比，体育教学内容的实现过程中师生之间的交流与交往更加频繁，师生之间的人际交流更加开放，这对于学生良好社会适应能力的提高具有重要的促进作用。具体来说，在体育教学实践中，学生参与体育教学活动主要是以集体为单位的活动形式来进行的，而以集体为单位的运动需要以团队间每个成员位置不断变动的方式进行，因此，体育教学中人员之间的沟通和交流会非常频繁，师生及学生之间的人际交流呈现出开放性特征。通过体育教学内容的学习能够帮助学生有效地提高社会适应能力。

第六，非逻辑性。和其他学科相比，体育教学内容复杂，各具体的内容之间并无必然的先后逻辑顺序，甚至彼此之间可以相互代替。如先进行田径教学与先进行球类运动教学并没有任何影响，而且不同的教学内容可以实现同样的教学效果，如提高学生的身体素质、培养学生的团队意识等。教师可以自由选择不同的教学内容，不必考虑各内容之间的逻辑顺序。体育教学内容的排列并不是直线递进式的，而是复合螺旋式的，它是由众多的相互平行的身体练习和竞技运动项目组成的，不同体育教学内容可以相互替代，如体育教学中对不同运动项目，以及身体练习的选择。体育教学内容的非逻辑性使体育教师在教学实践中有更多的选择，也正是因为这种选择自由性的提高，要求教师必须能准确判断哪部分教学内容最有利于促进学生发展、最能实现体育教学效果，因此这种选择的难度也增加了。

第七，规定性。所谓规定性，具体是指体育教学内容的实现具有体育教学条件的规定性，如一些教学活动需要借助一定工具、器械进行，需要在规定的场地、设施内进行。游泳、滑冰等对运动环境和气候也具有一定的要求。如果这些教学内容离开特定条件、空间、环境等，就会发生质的变化，教学内容也可能将不复存在。

二、体育教学内容的层次与分类

（一）体育教学内容的层次划分

根据学校体育教学内容的产生，可以将体育教学内容的层次进行宏观和微观层次的划分。

1. 宏观层次

在我国教育系统中，学校基础教育课程模式将从单一的模式转向多元化的发展。以这一基本思想为依据，从宏观层次来看，体育教学内容主要包含了上位层次（国家课程和教学内容）、中位层次（地方课程和教学内容）和下位层次（学校课程和教学内容）三个层次。

首先，上位层次（国家课程和教学内容）。国家课程和教学内容是体育教学的上位层次，体育教学内容是由国家的教育行政部门统一规定的，各个地方学校必须服从，体现出一定的强制性。对我国基础教育教学质量的好坏有着决定性影响。国家课程和教学内容充分符合国家意志，能够使学生在接受基础教育之后达到我国的预期体育素质，在体育方面成为一个合格的公民。国家在体育课程和教学内容的开发上，依据的通常是不同教育阶段的性质与培养目标，通过这些因素对体育课程标准等方面进行制定，从而编写出符合实际的教学内容。这些因素在我国基础教育体育课程框架中是作为主体部分而存在的，它无论是涵盖的内容，还是占的课时比例，都比地方课程和学校课程的内容和课时占比多。

其次，中位层次（地方课程和教学内容）。地方课程和教学内容是体育教学内容的中位层次，具体来说，它是针对国家规定的各个教育阶段的体育课程内容来进行开发的。地方课程教学内容体现了与教学的具体实际情况（政治、经济、文化、民族等）的适应性，该部分教学内容的开发者大多为省一级的教育行政部门或授权的教育部门。地方课程和教学内容可以使地方体育教学资源得到充分的利用，与当地的教育发展情况紧密结合起来，体现出一定的地域性特点。

最后，下位层次（学校课程和教学内容）。学校课程和教学内容是教学内容的下位层次，是与体育教学最接近的一部分教学内容，决定了学校体育教学的最终实施。学校课程和教学内容具有多样性和选择性的特点，其主体是体育教师，它以国家课程和教学内容、地方课程与教学内容为前提进行具体实施，并将科学评估本校学生的特点和需求，对当地社区和学校的体育教学资源进行充分利用，以学校的办学思想为依据作为基础。在体育教学中，体育课程资源的开发要以国家教育方针、国家或地方体育课程和教学内容等为依据，教学内容的设计要充分体现出独特性和差异性，以实现学校体育教学目标、促进学生的身心全面健康发展、满足每一个在校学生的体育学习和体育发展需求。体育教学内容的上位层次、中位层次和下位层次三部分内容的建设是由国家、地方、学校共同完成的，这三个层次的职责不同，所以其所涵盖的范围和在教学当中所占的比重也有所不同。

2. 微观层次

任何一门学科课程的实现都是以教学内容为载体，根据教学内容论的观点，教学内容是包含多层意义的，体育教学内容也不例外。从微观层次来看，根据体育教学内容具体化的程度，体育教学内容的微观层次包含四个层次。

第一层次——体育课程标准所示的学习内容。体育课程标准对体育教学内容的选择具有重要的指导作用，教学内容是为实现体育课程目标服务的，教学内容应符合课程标准要求，如体育与健康课程标准下，教学内容应充分考虑学生运动参与、运动技能、身体健康、心理健康、社会适应的实现。这种分析实际上是活动领域的一种表述，并非常规意义上的体育教学内容。

第二层次——课程标准所示的水平目标。体育教学内容微观层次的第二层次是第一层次形式上的具体化，是对通过体育教学学生应达到的具体学习效果的一种要求。和第一层次教学内容相比，第二层次的教学内容更重要的是实现体育课程的能力标准，即通过具体教学内容的学习，学生应该达到一个什么样的能力标准和层次，掌握哪些知识和技能，达到什么样的水平是比较合格和合理的。

第三层次——体育教学的教学物质设施。在这一层次中指的是教学中需要具体运用到的硬件与软件等物质设施，也就是说属于普遍意义上的教学内容教具，比如足球、武术、游泳等运动项目，以及这些项目进行所需场地器材和设备。这一层面的体育教学内容是通常我们所说的教学内容。该部分教学内容依据不同功能和形态，按照大小练习循环及循环多少也可以分为四个层次，具体如图 1-1 所示。

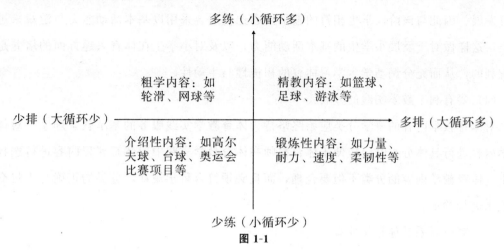

图 1-1

第四层次——体育教学的教学方法与手段。某项教学内容下位的具体教学内容，在体育教学中，练习教学内容、游戏教学内容、认知教学内容等都属于这一层次。例如，一项运动的具体练习教学内容，游戏教学内容，以及认知教学内容等一系列拆分开来的教学内容。

（二）体育教学内容分类的基本要求和分类方法

1. 体育教学内容分类的基本要求

（1）与教育价值取向相一致

随着社会和教学需要的发展，并没有哪一种体育教学内容的分类是一成不变的。不同时期学校体育教学的目的不同，教学内容也不同。不同体育价值观下的体育教学内容也不同。

（2）以体育课程目标为中心

一切教学活动都要围绕着体育教学目标进行。体育教学内容应为满足体育教学的目的和任务服务，它是实现体育课程目标的重要手段，因此，体育教学内容的分类必须要考虑到能否有效帮助体育课程目标的实现。体育教学内容往往是多功能的，所以对体育教学内容进行分类必须充分考虑体育运动项目或身体练习的特点与功能，以便于为更好地实现教学目标选择与之相适应的教学内容。

（3）与学生发展规律相符合

体育教学内容要充分考虑学生的身心发展特点。学生正处于青春发育期，不同年龄阶段的学生，其生理特征和心理特征具有不同的表现，教师在选用具体的教学内容时，应考虑教学内容是否符合该年龄阶段学生的特点。针对学生此年龄阶段的生理和心理特点选择适当的体育教学内容，充分遵循了学生身心发展的基本规律。机体和心理在一定年龄阶段的可承受运动负荷与从事运动项目是对应的，教师应充分把握这一规律。以小学低年级的体育教学内容为例，在这一阶段体育教学的运动技能的目标主要是对学生的基本活动能力进行发展。因此与该阶段学生相符的教学内容比较适合采用以基本活动能力与游戏来进行分类，这样做对于发展小学生的基本活动能力，以及对小学生在体育兴趣方面的培养是非常有利的，从而充分调动学生学习体育的积极性与主动性。

（4）要有利于教学实践的开展

对体育教学内容的科学分类应始终坚持为体育教学实践服务的基本教学理念。对体育教学内容进行具体分类时，应便于体育教师在体育教学实践中对体育课程内容进行选择与安排。体育教学内容的分类不但要合理，而且必须符合科学规律，分类的正确与否将交由实践来进行验证。

（5）紧密联系其他教学要素

体育教学体系包括多个教学要素，教学内容是其中重要的一个，体育教学内容的分类应当做到与体育教学方法和评价方法相互联系，以形成一个完整的系统，从而成为一个整体，这样有利于体育教学评价的顺利进行，也就是说，进行体育教学内容分类时，必须要树立系统观念。

2. 体育教学内容常见分类方法

现代体育教学内容丰富，涉及的体育运动项目种类繁多，因此进行体育教学内容分类时，必须要充分考虑，按照逻辑进行分类。对体育教学内容进行合理的分类能够使教师和学生对于体育教学内容的认识更加深刻，同时有助于教学目标的实现。大多数体育教学内容之间的关系是平行的，并没有过多的纵向逻辑关系，加之体育教学内容往往是可替代的，因此在体育教学内容的分类上，争议还是比较多的。目前，体育教学内容的分类方法大致包含以下几大类。

（1）根据体育教学功能分类

根据我国体育课程相关的文件，以三维健康观、体育的本质特征、体育与健康课程等几个领域的目标为依据对体育课程的内容体系进行了重新构建，体育教学内容被划分为包括运动参与、运动技能、身体健康、心理健康，以及社会适应五个方面。

（2）根据体育教学目标分类

根据体育教学的目标进行分类，在体育教学分类方法中比较常见。这种方法是依据人们赋予的体育教学所要达到的目的进行分类的。比如在发展学生身体素质的练习、提高学生运动技能的练习、培养学生运动安全和运动损伤预防的练习等。根据体育教学目标对体育教学内容进行分类的方法，能够使根据多种目的的身体练习进行人为的规定得以实现，能够使教学内容具有一定的目的性，对于打破陈旧的、以竞赛为目的的教学内容编排体系也非常有利，从而保证学生能够学到比较多的体育教学内容。

（3）根据机体活动能力分类

以人体的基本活动能力为依据进行分类，就是根据人类具有的走、跑、跳、投、攀登、负重等基本活动能力，从而对所有的运动项目、身体练习按照这一标准进行分类。根据人体基本活动能力对体育教学内容进行分类的优点在于，有利于促进有目的、有针对性地对学生的基本活动能力进行培养，并且不会受到正规体育运动项目规则的限制，有利于在从组合教学内容的基础上来对学生的各种身体动作和发展基本活动能力进行发展，尤其适合对低年级学生的教学内容进行分类。该分类方法的缺点在于，通过不同教学内容的学习对于学生掌握体育运动技能、发展体能等方面具有一定的局限性，对于高年级学生来说其要求往往无法满足，容易使高年级学生失去体育学习兴趣。

（4）根据身体素质内容分类

身体素质主要是指人体的运动能力，主要包括力量、速度耐力、灵敏、柔韧等基本身体素质。体育教学的主要目标之一就是帮助学生增强身体素质。因此，根据身体素质对体育教学内容进行分类是一种非常重要和普遍的分类方法。具体来说，根据身体素质内容进行分类，可以根据速度、力量、耐力、灵敏、柔韧，或者根据与动作技能相关的体能分为速度、力量、灵敏、协调、平衡、反应等，也可以根据与健康相关的体能将身体素质分为心肺耐力、柔韧性、肌肉力量、肌肉耐力、身体成分等，可以将这样各个不同运动项目的身体练习进行完全不同的分类组合。该分类方法既有优点又有缺点，优点在于能够有利于学生正确认识各种体育运动项目与身体练习并促进学生体能素质的全面发展，同时，还能够有目的、有针对性地使学生的体能获得非常大的进步。缺点在于，由于在体育运动项目当中，许多项目并不是以提高某一方面身体素质为前提的，因此对待这类项目时这种分类显得比较模糊，而且这种分类在学生对体育教学内容文化特性的认识上可能使学生产生误区，即体育学习主要是体能素质提高，容易忽视体育理论知识学习和体育专项技能学练。

（5）根据体育运动项目分类

根据运动项目对体育教学内容进行分类是一种非常普遍的分类方法，在体育教学中应用较为广泛，该分类方法具体是按照各个运动项目的名称和内容而进行具体的系统分类的，大致可以分为球类、体操、田径、武术、体育舞蹈、冰雪运动、水上运动等，对各式各样的运动项目根据特点加以详细地划分。根据运动项目对体育教学内容进行分类便于学生明确了解学习内容、对于学生了解和掌握体育运动文化具有非常大的帮助。但是应该充分认识到，该分类方法对一般学校体育常设体育项目教学并无不良影响，但是对并没有被列入正规体育比赛的项目当中的一些运动项目容易忽略，而且在正式比赛的项目当中，很有可能由于规则、技能等方面具有相当高的水平，使教学内容与学校体育教学不相符。因此，需要对竞技性过强的体育项目教学内容进行适当的加工、改造，使其与学生的生理发展和心智发展水平相符，这对体育教师对体育教学内容的加工、改造能力具有较高的要求，如果体育教师的能力有限而强行加工和改造教学内容，则很有可能导致原有体育教学内容性质发生变化。

（6）综合交叉分类

综合交叉分类是一种将基本部分与选用部分、理论与实践教学内容、各项运动的基本教学内容与提高身体素质练习教学内容等相互交叉的综合分类方法。从分类角度来讲，综合交叉分类与一般事物分类原则相违背，不是用同一标准对体育教学内容进行衡量的。但是，采用综合交叉分类对体育教学内容进行科学分类，能够准确地将不同学生的不同年龄阶段身心发展特点和对学生学习的基本要求反映出来，对达成体育教学目标有非常突出的作用，在有助于保持运动项目的固有特点和系统性的基础上，同时增强学生进行身体锻炼的实效性，从而在体育教学内容的运用上使运动项目的技术和学生身体素质的联系综合、全面协调发展。

三、现代体育的基本教学内容

当前，我国体育教学日益受到重视，学校体育教学内容丰富多彩。当前，在我国各级各类学校开设的体育教学基本内容包括以下几个方面。

第一，体育、保健原理与知识。学生学习体育、保健原理与知识有利于其更深刻地理解体育对人类社会、对国家、对自己未来发展的重要意义，有利于学生科学从事体育健身实践、自觉参与各项体育活动。体育、保健原理与知识教学内容是体育教学的基础内容，通过该部分教学内容的学习，学生应掌握基本的体育常识，了解体育保健的相关原理，并能在日常生活实践中科学运用体育保健知识来指导自己的体育锻炼活动，提高体育锻炼的科学性、安全性。该部分内容教学应密切联系生活实践，并注意教学内容的系统性。切忌教学内容的支离破碎、简单无逻辑的知识罗列。

第二，田径运动。田径运动是体育教学的基本教学内容。它与人的走、跑、跳、投等基本活动能力有内在关系，所以被誉为"运动之母"。田径运动是体育教学内容最基本的部分，对于学生基本身体素质的提高和为学生参与其他体育活动可以奠定良好的基础。田径教学内容包括走跑、跳跃、投掷等几类运动项目内容，通过田径运动教学，学生应了解田径运动文化、掌握田径运动原理、掌握田径运动各类运动项目的运动技术，并能在课外科学从事田径运动，为之后的田径专项学习和其他项目学习奠定知识和技能基础。

第三，球类运动。学校体育教学内容中的球类运动教学主要包括足球、篮球、排球、乒乓球、羽毛球、橄榄球、网球等球类运动项目的教学。球类运动教学的目的在于使学生了解球类运动概貌、认识球类运动的基本规律和特点、理解球类运动文化、掌握和提高球类运动技能。和其他教学内容相比，球类运动教学内容较为复杂，学生掌握球类运动技战术需要一个较长的时间并付出艰辛的练习。在进行球类运动的教学过程中，教师应根据具体教学内容的逻辑顺序合理安排学生学习，如先进行技术学习，再进行战术学习；先学习战术配合，再学习战术实施，再进行攻防转换。总之，球类运动教学内容的教学应建立在遵循球类运动特点、技能发展规律、学生认知规律和技能学习规律的基础之上进行。同时，教学过程中，应注意教学方法的科学选用，以促进学生全面、准确掌握教学内容。整个教学过程中，还应注意将球类运动基本理论知识、球类运动技术、球类运动战术、球类运动竞赛等的教学充分结合起来。

第四，体操运动。体操的历史较为悠久，自人类进入文明时代后，体操就一直伴随着人类的发展，它还与人克服各种外界物体的心理欲求有联系。因此是体育教学的重要内容。现代体操运动包括技巧、支撑跳跃、单杠和双杠等。它是一项有助于发展个体的力量、协调、灵活、平衡等能力的运动，通过体操运动教学，学生应掌握体操运动文化与基本常识，了解体操运动的基本原理与特点，掌握基础的体操技术动作，并能在课余体育活动中进行一些实用性较强的体操技能练习，以提高自己的体能素质水平和体操技能水平。在体操教学过程中，对具体教学内容的选择应充分考虑到它的竞技、心理、生理等方面，力求将这些方面在教学过程中充分体现并全面地呈现给学生，使学生能够通过体操内容的学习来增强体质、提高运动能力。教学中，注意动作难度、幅度，改变动作连接方式、运动负荷等的循序渐进。

第五，民族传统体育。民族传统体育是我国优秀体育文化的重要组成部分，是我国体育教学区别于西方体育教学的一个重要内容。我国民族传统体育传承发展五千年，内容丰富、种类繁多，民族传统体育纳入高校体育课程教学是传承我国民族传统体育文化的重要和有效途径，我国民族传统体育项目具有丰富的文化内涵，学生通过该部分教学内容的学习，能有效实现强身健体、调节心理、养生保健、技击防卫等目的，同时，对于学生增强民族自豪感和民族自尊心也具有重要的促进作用。具体来说，了解民族传统体育中的礼仪文化、道德内容，培养学生的爱国精神、民族自尊心，使学生能保持足够的学习热情，掌握几项技能以养成终身体育锻炼的习惯，并能为民族传统体育文化的传承培养更多的接班人。在体育教学中，学生学习我国民族传统体育内容需要付出比其他项目更多的耐心，这主要是因为我国民族传统体育对学生的身体素质要求较高，尤其是武术基本功的练习需要学生具有扎实的基本功基础，否则就不能完成一些具有难度的技术动作和套路练习。民族传统体育教学应分配较多课时。特别需要注意的是，我国民族传统体育项目内容来源于人们的日常生产生活，与生活习俗、民族风情等息息相关，因此，在教学中，体育教师应注意突出我国民族传统体育教学内容的文化性、范例性、实用性，特别重视民族传统体育教学内容的文化背景和意义的阐述，为我国民族传统体育的可持续发展营造良好的文化氛围，并培养一批优秀的文化传承人。

第六，韵律运动。韵律运动包括健美运动、民间舞蹈、健美操、体育舞蹈、韵律操、艺术体操等内容。教学目的在于改善学生的体态，培养学生的动作节奏感和肢体表现力。在体育教学实践中，安排韵律运动的教学，应注意从韵律运动的特点入手，通过学习使学生了解韵律运动的舞蹈、音乐理论基础和特点，提高学生的审美意识和审美能力，并通过技术动作练习提高学生肢体的艺术表达能力，并注意在韵律运动的练习过程中培养学生的自我创造意识和创造能力。

四、体育教学内容的选择

体育教学内容有宏观和微观之分，这为地方和学校具体体育教学内容的确定提供了必要的参考，同时给予了非常大的自由性。我国幅员辽阔、民族众多，形成了丰富多彩的地域体育文化、民族文化。不同地区的学校在选择体育教学内容时，应充分考虑本地区、本民族的特点，选择具有地方特色的民族传统体育内容，一方面，可以使学生产生亲切感，提高学生体育学习的兴趣；另一方面，有助于本地区体育文化的推广、普及和传承。在体育教学实践中，体育教师对任选体育教学内容的选用不是无章可循的，教师应在体育教学大纲的指导下、在充分分析学生身心发展特点的基础上，对本地区体育活动内容进行考察、筛选，选择具有代表性的、能促进学生身心发展的、有助于实现体育教学目的的体育运动项目，并在教学过程中注意充分体现出所选体育教学内容的文化性、地域性、民族性、可操作性和实用性。

体育教学内容选择是现代体育教学设计的核心问题，因此，选择应准确、科学、得当。

（一）体育教学内容的选择依据

1. 体育课程目标

体育课程目标是体育教师在教学工作中必须始终牢记的一个内容，在选择体育教学内容时应对备选的教学内容进行筛查，或者直接根据体育课程目标去寻找合适的教学内容。课程目标是选择教学内容的重要依据。体育教学内容是实行体育课程目标的重要手段，要促进课程目标的实现，就必须选择与之对应的教学内容，这是毋庸置疑的。体育课程目标编制过程中，在每一个阶段内都作为教学内容的先导和方向，所以它经过了多方专家的合理思考推论，对各个方面的影响都进行了认真合理的验证。体育课程目标具有多元性的特征，体育运动项目和身体练习也具备可替代性的特征，体育教学内容丰富，应从中选择出最能实现体育教学目标的一部分教学内容来。

2. 客观教学规律

体育教学内容的选择应符合体育教学的客观规律，在不同教学阶段选择不同的体育教学内容。体育教学内容的选择应符合学生身心发展规律、学习认知规律、技能形成规律等。体育学习需要学生的主动参与，而主动参与就是说，学生自身积极和努力是必不可少的。通常学生如果面对感兴趣的事情，那么其参与的动力就会大大增加，学习的效率也将倍增。因此，对体育教学内容进行选择的一个必要的因素就是学生对于体育的需要和兴趣，以便于充分调动学生学习的积极性与主动性。教学初期应选择娱乐性较强的体育教学内容，教学过程中应注意多样化的体育教学内容的选择。体育教学活动的主体是学生，教学内容选择应符合学生的生长发育、技能发展的客观规律。具体来说，在选择体育教学内容时，学生的需要是必须要考虑的。体育教学以促进学生身心发展为目的选择相应的体育教学内容。

3. 学生发展需要

学生是体育教学的对象，体育教学内容必须要使学生可以接受，并且产生兴趣。所以进行体育教学内容的选择时，学生的特点就决定着教学内容当中的各项要素。绝对不能忽略学生的实际情况。体育教学内容应能满足每一个学生的体育发展需要，通过体育学习，使每一个学生都能有不同程度的发展。

4. 社会发展需要

学生的个体发展无法脱离社会的发展。因此，体育教学能够在健康方面为学生打下良好的基础，所以在进行体育教学的内容选择时，除了考虑学生本身的需求，社会现实发展的需求也必须被考虑进去。社会是学生实现自我价值的最终归宿，体育教学内容必须能够满足学生在社会上发展当中各方面的需要。除此之外，体育教学内容必须做到与社会生活和学生生活联系在一起，这样才能让学生体会到它的作用，其功能得以实现，因此，体育教学内容的选择与社会实际相符是非常重要的。

（二）体育教学内容的选择原则

1. 教育性原则

进行体育教学内容选择的时候，应始终坚持体育教学育人的根本目的和任务，充分体现体育教学内容的教育性。第一，体育教学内容选择应从教育的基本观点出发，分析其是否与教育的原则相符；第二，体育内容选择必须与体育课程的主要目标相匹配，确立"健康第一"的指导思想，并以此作为体育教学内容当中最基本的出发点；第三，体育教学内容选择应看重彰显文化内涵，在学生学习体育技能的同时更能深刻体会到体育文化修养带来的益处；第四，体育教学内容的选择应考虑对学生品德、智力、体质等方面的全面发展是否有利，对不同学段学生的发展特点和规律都要充分考虑到，其个体差异与不同需求将会在其中起到很大的作用，确保每一位学生受益；第五，体育教学内容选择应与社会的固有价值观同步，有利于满足现代社会对学生的发展要求。

2. 科学性原则

科学性在体育教学内容的选择中具有十分重要的作用。体育教学内容选择是否科学直接关系到教学的效果与质量、教学目标的实现及学生的发展。第一，体育教学内容的选择必须有利于学生身心的协调共同发展。对虽然有利于学生身体健康，但对于学生的心理健康并不合适的教学内容应摒弃，反之亦然。教学内容的选择必须使学生身心均有所发展；第二，体育教学内容要使得学生能够从根本上对科学锻炼的原理和方法有一个深入的了解，增加学生从事体育锻炼时的自觉性和积极性；第三，体育教学内容本身的科学性。科学性不足的新型体育项目不应进入课堂；第四，体育教学内容的选择应与学校的具体实际相结合。

3. 趣味性原则

兴趣是帮助一个人学习的最好老师，学生学习体育基本知识在很大程度上受其体育兴趣的影响，体育学习兴趣是决定学生体育学习的主导力量。因此体育教学内容的选择应注意突出趣味性。一方面，对竞技性强的教学内容应予以摒弃或进行健身性改造。大多数竞技运动项目的健身价值和教育价值是不可低估的，但是，教师过度关注竞技运动项目教学的系统性和完整性，用培养运动员的方法进行体育教学，会导致很多学生厌恶体育课。另一方面，要根据学生的各方面特征尽量选择他们感兴趣的、有趣味的内容。在选择体育教学内容时必须充分考虑学生的兴趣。

4. 实效性原则

所有对学生健康有利的教学内容都是教学内容选择的良好范围。实效性，具体是指体育教学内容应具有实用性、简便易行、有助于学生身心健康的有效发展。国家相关文件在教学内容的改革中，强调要改变教学内容当中的"难、繁、偏、旧"以及教学过程过度的偏重书本知识的现状，体育教学内容应避免该方面内容。体育教学内容的选择一定要兼顾选择与学生自身的体育学习兴趣和经验相接近的以及大众喜欢的、社会上比较普及的内容，加强学生生活与现代社会和科技发展之间的联系，同时强调运动项目的健身娱乐效果，为学生的终身体育奠定基础。

5. 适应性原则

体育教学内容的选择过程中，体育教师应充分考虑所在地区及学校所在地的气候、地理、经济、文化等条件，选择的体育教学内容具有付诸教学实践的可能。

6. 民族与世界结合原则

体育教学内容应体现民族性、符合我国实际，同时要与世界体育发展接轨，建设体育强国。民族的就是世界的。不能对自己民族的东西盲目自信，但更不能有崇洋媚外的思想。体育教学内容的选择应该与时俱进，体现当今时代中国的特色。总之，体育课程内容的选择要在保留我国民族传统体育当中精华部分的同时，对国外好的课程内容有选择地加以借鉴吸收。将一切优秀的体育文化都能纳入体育教学中去。

五、体育教学内容的加工与开发

（一）体育教学内容的加工

1. 体育教学内容的加工要求

首先，应当考虑学生基础。对体育教学内容的加工应充分考虑学生的基础，如认知能力、理解能力、身体条件、机体承受能力等，使体育教学内容的加工与学生情况相符合，使学生通过体育教学内容的学习能切实促进身体生长发育和心理健康发展。

其次，应当满足学生需要。满足学生需要是体育教学内容加工的一个重要要求，在体育教学过程中，学生是教学的主体，不能只考虑体育教学内容本身的难易程度，还应考虑体育教学内容的多少、逻辑性是否能满足学生学习和发展的需要。

最后，应当符合加工要求。对体育教学内容进行加工处理，目前主要采取两种方法，螺旋式排列和直线式排列，以整合出新的体育教学内容。不论是哪一种排列法，都需要注重不同的体育运动和身体练习的特征。螺旋式排列强调相同教学内容在不同年级或水平重复出现的阶段性提高，直线式排列指学习了一个运动项目或进行了某种身体练习后，不再重复出现。两种排列不可交叉，否则就会影响教学效果。

2. 体育教学内容的加工程序

第一，审视教学观点。体育教学内容的选择应从社会的生产生活以及教育、科学等发展的实际出发，充分考虑社会发展对人类健康的要求，分析和评价现有的体育教学内容。观察教学内容对学生进行锻炼、增进健康、思想品质培养是否有利。将与教育要求不相符，也不利于学生身心健康的内容舍弃。

第二，整合教学内容。依据不同学段学生身心发展的特点进行选择，对体育教学内容的功能进行分析，并整理合并具体的体育运动项目和身体练习，进而作为形成体育教学内容的基本素材。

第三，确定课程内容。结合学校条件和学生情况确定体育项目，并对体育项目的具体练习内容进行加工处理，在体育教学中，可供体育教学内容作为素材的体育运动项目和身体练习是非常多的。然而，体育教学的时间有限，因此要对具体的内容进行整合、取舍，使最终的教学内容最有利于实现体育教学目标和促进学生发展。

第四，可行性分析。在选择体育教学内容时，要分析教学内容实施的可行性。这主要是因为，体育教学实践受地域、气候条件等诸多因素影响，某一教学内容在某一个地方适合，而在另一个地方却不适合，在选择时，一定要为各地、各校选择和实施体育教学内容留下足够的余地，保证在实际体育教学中的执行弹性。

（二）体育教学内容的开发

体育教学内容的开发，旨在寻找更丰富、更适合体育教学实际和有利于促进体育教学目标的教学内容，一般应从以下几个方面着手进行。

第一，延续传统体育教学的内容。现代体育教学内容丰富，在长期的体育教学改革过程中，一些体育教学内容被保留和传承下来必然有其科学性，这一部分教学内容能切实促进学生身心发展、符合体育教学课程目标要求、具有良好的学生基础，因此对这部分体育教学内容应予以保留，只是在体育教学过程中，可以通过改变教学模式、教学方法、教学手段等进行体育教学创新，更进一步地体现该部分体育教学内容的教育性、趣味性、健身性、科学性、社会性。

第二，参考上级课程文本的建议。所谓上级课程文本，具体是指"国家教育行政部门规定的统一课程和教学内容，它体现国家的意志，是专门为未来公民接受基础教育之后应该达到的共同体育素质而开发的体育课程和教学内容"，上级课程文本具有导向性和政策性，它充分考虑到了各地的不同情况，给地方、学校、体育教师一些自由的空间以及自由发挥的余地，因此，在选择教学内容时，各地方学校要在上级课程文本的建议下，有针对性地对本校现有体育教学内容进行补充和丰富。

第三，修改上级课程文本的规定。我国体育教学课程文本对教学内容的规定是宏观的，这是充分考虑了各个地区以及学校的具体情况可能存在的不一致性，而实际上上级文本所涉及的教学内容也未必能考虑周全，在实际的体育教学过程中很有可能出现与本地、本校实际教学情况不符的情况，针对此类情况，应对上级课程文本规定的教学内容进行适当修改，前提是必须在领会和坚持上级文本精神和规定要求的基础上进行。

第四，改造传统体育教学的内容。对传统体育教学内容中不符合时代特点、学校和学生实际的内容进行有针对性的改造。随着时代的发展和体育教学的改革，一些传统体育教学内容已经无法适应学校体育教学的需要。因此，为了使传统体育教学内容更好地发挥其优势，以便为体育教学服务，需要对其进行适当的改造。具体来说，对某个具体的学校体育教学内容资源而言，从中提取一些要素，改变一些要素，增加一些要素或舍弃一些要素就可以形成一个新的体育教学内容。如降低难度、简化规则、游戏化、实用化、生活化等。

第五，引进新兴的体育教学内容。体育运动是不断向前发展的，体育教学也应是不断向前发展的，在发展过程中，必然会有新的体育运动项目和新的体育教学内容出现。近年来，为不断丰富体育教学内容，一些体育教师尝试将一些新兴的体育运动项目纳入学校体育教学中来，如街舞、瑜伽、拓展训练等，这些新兴的体育运动项目引起了广大学生的学习兴趣和好奇心，使体育教学收到了不错的效果。因此，吸引新兴的体育运动项目是切实可行的，能为体育教学注入新的活力，有助于激发学生体育学习的热情。社会进步令体育运动更加丰富多彩。学生更加追求新鲜的体育项目，所以体育教学内容也要注重推陈出新。我国多民族的特性决定了各个民族都有出色的民族特色体育项目，这些民族项目既各具特色，又有良好的健身价值，在体育教学内容的选定中应适当根据具体情况加以选用，以突出体育与健康课程内容的时代性。需要注意的是，体育教师引进现代的新兴运动项目，需要注意依据现有的原理、规则、方法、场地器材条件等，要考虑新的教学内容是否与本校条件和学生发展相适应。

第二节 高校体育教学内容体系的构建过程

一、体育教学内容体系的构建思路

《新课程标准》充分重视了各阶段内容的衔接和体育知识系统化问题，对学生在体育教学过程中学习的递进性和知识的系统性进行了充分考虑，在课程目标上进行了一些新的描述。例如，在球类与体操学习目标的表述中，水平四的目标为"基本掌握一两项球类运动中的技战术""完成一两套技巧项目动作或器械体操动作"；水平五的目标为"较为熟练地掌握一两项球类运动中的技战术""较为熟练地完成一两套技巧项目动作或器械体操动作"。从"基本掌握"和"完成"到"较为熟练地掌握"和"较为熟练地完成"。但是，如果水平四与水平五学习的球类项目不同，体操内容不是同一类器械体操内容，则无法保障从"掌握"到"熟练掌握"的递进式发展，各阶段教学水平就不能实现一致性，无法保证采用"大循环"排列方式实施体育教学内容，进而无法保证学生运动技能掌握的系统性。

为了使学生通过体育学习切实掌握一两项体育运动技能，就必须科学选择教学内容，实现体育教学内容的系统性，具体来说，就是从国家体育课程教学内容中选择适合本地区教学情况的各年级、水平阶段适中的体育教学内容，充分保障教学内容选择的灵活性与规定性；使学校体育教学内容形成一个严谨、灵活的体育教学内容知识系统，促进学生循序渐进地、系统地学习体育教学内容。

二、体育教学内容体系的框架构建

首先，体育教学内容体系构建应当具有逻辑性。体育教学目标与体育教学内容关系密切，体育教学内容的逻辑性应充分参考不同体育课程教学目标的阶段性要求，坚持"目标统领内容"的理念，课程目标的阶段性、逻辑性对体育教学内容不同阶段的选择具有重要的指导作用。在体育教学实践中，不同教学阶段的体育教学目标不同，高年级的体育课程教学目标与低年级的体育课程教学目标之间是递进的关系，因此不同教学阶段的教学内容选择也应是由少到多、由表及里、由简到繁的递进过程。各个阶段性课程目标引领着与之相适应的体育教学内容。体育课程目标指导下的体育教学内容要尊重机体适应规律、技能发展规律、学习认知规律、符合学生不同阶段的体能素质发展的敏感期，这是学校体育教学内容体系构建逻辑性的重要意义所在。

其次，和体育内容一样，体育教学内容丰富，看似庞杂无序，但是深入研究体育教学内容的多条逻辑线可以发现，通过对体育教学内容各要素的控制，可以实现不同阶段学生所学习的体育教学内容难易适度，进而在整个受教育时期，实现教学内容学习的递进性，促进各方面素质的系统性发展。蔺新茂和毛振明等学者结合学生学习体育教学内容的递进性和系统性，提出了一个相对完善的与学校体育课程的目标相匹配的体育教学内容体系，其基本框架具体如图 1-2 所示。

三、学校体育教学内容体系的构建说明

（一）体育教学内容体系的逻辑说明

以体育教学目标为出发点，由基础到提高、由部分到完整，共有三条逻辑线，具体如表 1-1 所示。

基础类技术体育教学内容，提高类、拓展类体育教学内容、终身体育教学内容三类体育教学内容之间是基础与提高的关系。

从对上述三类体育教学内容的逻辑关系分析来看，在各类体育教学内容中，三类内容的每两个相邻的体育教学内容之间均具有技术基础性和技术提高性递进关系，而不同学段、级段在选择和排列体育教学内容时，应遵循这一逻辑关系，体现不同阶段体育教学内容的阶段递进性。

（二）体育教学内容体系构建的基本要求

现阶段，要保证体育教学内容的系统性、完整性，促进学生对体育运动技术的有效性掌握，以为其参与终身体育奠定必要的技能基础，应在教学内容体系构建中明确以下三个方面的要求。

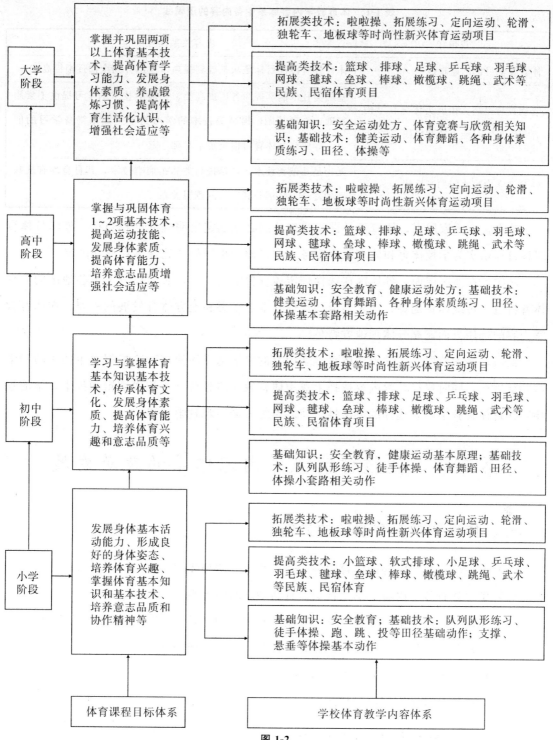

大学阶段 → 掌握并巩固两项以上体育基本技术，提高体育学习能力、发展身体素质、养成锻炼习惯、提高体育生活化认识、增强社会适应等

拓展类技术：啦啦操、拓展练习、定向运动、轮滑、独轮车、地板球等时尚性新兴体育运动项目

提高类技术：篮球、排球、足球、乒乓球、羽毛球、网球、毽球、垒球、棒球、橄榄球、跳绳、武术等民族、民宿体育项目

基础知识：安全运动处方、体育竞赛与欣赏相关知识；基础技术：健美运动、体育舞蹈、各种身体素质练习、田径、体操等

高中阶段 → 掌握与巩固体育1～2项基本技术，提高运动技能、发展身体素质、提高体育能力、培养意志品质增强社会适应等

拓展类技术：啦啦操、拓展练习、定向运动、轮滑、独轮车、地板球等时尚性新兴体育运动项目

提高类技术：篮球、排球、足球、乒乓球、羽毛球、网球、毽球、垒球、棒球、橄榄球、跳绳、武术等民族、民宿体育项目

基础知识：安全教育、健康运动处方；基础技术：健美运动、体育舞蹈、各种身体素质练习、田径、体操基本套路相关动作

初中阶段 → 学习与掌握体育基本知识基本技术，传承体育文化、发展身体素质、提高体育能力、培养体育兴趣和意志品质等

拓展类技术：啦啦操、拓展练习、定向运动、轮滑、独轮车、地板球等时尚性新兴体育运动项目

提高类技术：篮球、排球、足球、乒乓球、羽毛球、网球、毽球、垒球、棒球、橄榄球、跳绳、武术等民族、民宿体育项目

基础知识：安全教育，健康运动基本原理；基础技术：队列队形练习、徒手体操、体育舞蹈、田径、体操小套路相关动作

小学阶段 → 发展身体基本活动能力、形成良好的身体姿态、培养体育兴趣、掌握体育基本知识和基本技术、培养意志品质和协作精神等

拓展类技术：啦啦操、拓展练习、定向运动、轮滑、独轮车、地板球等时尚性新兴体育运动项目

提高类技术：小篮球、软式排球、小足球、乒乓球、羽毛球、毽球、垒球、棒球、橄榄球、跳绳、武术等民族、民宿体育

基础知识：安全教育；基础技术：队列队形练习、徒手体操、跑、跳、投等田径基础动作；支撑、悬垂等体操基本动作

体育课程目标体系

学校体育教学内容体系

图 1-2

表 1-1　体育教学内容体系中各内容的逻辑线

逻辑线	内容关系阐述
体育教学目标的逻辑线	体育各阶段性目标是从基础到提高、从部分到全面逐渐提高的
基础类与提高、拓展类体育教学内容与终身学习能力的逻辑线	基础类技术的掌握为各项提高类、拓展类技术的学习提供了素质基础、心理基础；提高类技术的学习为学生提高终身学习的能力，养成终身体育习惯奠定了基础
体育教学内容之间的逻辑线	无论是基础类技术，还是提高类和拓展类技术，其自身均有从基础到提高、从部分到完善的逻辑关系

首先，在国家层面，体育教学课程管理体制必须制定出明确的课程目标，使学校体育课程目标切实为学校体育和体育课程服务，并以此为指导科学选择体育教学内容。

其次，在地区层面，各地区在选择规定体育教学内容时，必须充分考虑各地区的大众体育特色、传统体育优势，同时结合国家体育事业发展和地方体育发展的需要，在体育教学内容的选用方面能充分体现地方特色。

最后，在学校层面，学校对体育教学内容的科学选择和使用，应根据学生的年龄和学习特征进行，同时要在教学内容选择上尊重体育教学内容自身的技术逻辑和技术教学的规律，保持体育教学内容选择的灵活性，使之始终遵循客观教学规律。

第三节　高校体育教学内容体系的改革发展

一、体育教学内容改革的方向

（1）改变体育教学内容的体育锻炼和达标相统一的趋势。

（2）解决体育教学内容与学生社会体育活动之间的差距。

（3）解决体育教学中与体育教学内容难度有关联的"教不会""教不懂"的问题。

（4）解决学生因体育教学内容缺乏娱乐性而排斥体育课的问题。

（5）解决乡土教学内容开发不足的问题。

（6）解决体育教学内容民族化的问题。

二、体育教学内容改革的建议

（1）以学生为本，体育教学内容的选用应更多地从学生如何学以及他们感兴趣的角度出发。

（2）实现教学内容选择的自由化。改变体育教学内容规定过死的现象，扩大教学内容弹性，使地方学校和教师对体育教学内容的选择、设计更具灵活性。教学内容应范围广阔，让学生和教师选择体育教学内容的权限更宽广。

（3）逐渐淡化竞技运动的技术体系。

（4）重视女性教育，适当增加女生喜爱的韵律体操和舞蹈内容。

三、体育教学内容改革新体系

体育要做到与学生的日常生活相结合，与社会发展相结合，在新的体育教学改革方针指导下，体育教学内容改革强调内容的丰富性与实效性，一般认为，体育教学内容新体系应当包括身体教育、保健教育、娱乐教育、竞技教育和生活教育等五个方面。具体分析如下。

第一，身体教育。身体教育是指以健身为目的的体育教学。身体教育的目标是要提高人的各项基本活动能力。学校体育的本质决定了学校体育必须为提高学生的体质健康水平服务。"健康第一"是当前体育教学的重要教学指导思想和理念，因此，体育教学要重视学生健康素质水平的提高，重视学生身体成分、肌肉力量、有氧耐力及柔韧性等与健康相关的运动素质的发展。

第二，保健教育。保健教育与学生的健康生活息息相关，具体是指在学习相关体育知识的过程中确保学生的安全和健康，这其中生理和保健知识也是必不可少的。在体育教学内容中必须重视运动处方的理论和实践，从而将保健教育和体育教学结合起来。为学生成为一个健康的人奠定重要的理论知识基础。

第三，娱乐教育。娱乐教育是新时期提高学生体育学习和参与积极性及主动性的必然要求，是体育教学内容发展的一个重要内容，应该得到重视。体育教学内容中的娱乐教育可以非常灵活地结合在社会的每个角落。每个人每个民族的娱乐体育活动都是丰富多彩的，因此促使它成为体育教学内容，是一种有益的选择。因此，应在学校大力推广我国民族传统体育。现阶段，开设民族民间体育，如武术、踢毽子、荡秋千、爬竹竿等，扩大学校体育资源与体育课程资源，丰富学校体育的内容。促进我国传统体育文化传承与发展具有重要意义。

第四，竞技体育。竞技体育主要是以专项运动项目为主要内容的教学内容，在过去政治因素影响下，竞技体育一直是学校体育发展的重点，之后随着国家对体育教学"健康第一""以人为本""终身体育"的强调，竞技体育在学校的地位有所降低，但仍是学校体育的重要教学内容。竞技体育是社会体育文化的重要组成部分。在增进学生健康，培养学生的运动兴趣、提高学生的运动技能，培养学生积极进取的人生态度，增强竞争与协作精神、团队意识、心理调节能力、责任感等方面具有重要作用。但在教学过程中切忌照搬对运动员的要求而进行体育教学，应针对在校学生进行加工、改造、处理，适应学生实际情况和需求。

第五，生活教育。生活教育在这里指防卫训练、拓展练习、冒险教育及健康生活教育。社会发展影响着每一个人，城市化发展的加快使人们渴望接触自然，包括学生，因此很多学生希望亲近大自然。而这种追求，在体育教学内容方面又可以有新的选择。

四、体育教学内容的未来发展趋势

（一）以学生为主

体育教学内容的选择与确定将受到各个方面的制约。在过去的体育教学大纲中，体育教学内容的选择与确定往往更重视教育工作者对于教学内容的价值取向，因此重视的仅仅是教师的教。随着体育教学改革的不断进行，目前，体育教学逐渐摆脱了传统的以实现体育教师的教学去选择体育教学内容的做法，而逐步转变为教学内容的选择服务于学生的学习，从学生的实际情况出发，以实现学生对体育教学内容的价值取向。

（二）多样化发展

以往传统体育教学中，教师对体育教学内容的选择往往是简单地依据体育教学目标进行，或者是将体育运动中的运动项目直接地移植到体育教学内容中。这样的体育教学内容的选择过程是不利于体育教学发展的。在体育教学理念和创新理念指导下，未来的体育与健康教学大纲中，有关体育教学内容的选择，更加注重寻找体育学科内在的一些规律，体育课程中挑选的内容往往都是学生喜欢的，有利于促进学生发展的、富有时代性的。

（三）加强综合素质

在传统体育教学理念和模式下，以往的体育课程大都是以提高学生跑、跳、投等身体素质为目的的一种体能达标课。重视基础性，但发展性不足。新时期，社会需要全方面发展的人才，新的体育教学改革强调素质教育，因此对于学生素质的全面发展（身体、心理、智能、社会适应能力等）肩负着无比重大的责任。在体育教学内容方面，这项内容的选择与确定，同样要符合素质教育的要求，使学生的生理健康、心理健康以及社会适应性等均有所发展，为学生在社会中实现自我价值奠定了良好的发展基础。

（四）重视终身体育

我国传统体育教学内容更多的是体育竞技内容，重视学生竞技能力的发展，目的在于培养运动员，忽视学生的身心健康发展，过度强调竞技性。现阶段，学校体育为终身体育打基础，使学生树立终身体育意识，实现终身体育目标已成为体育教学的一个重要的发展趋势。而终身体育目标的达成则取决于学生参加体育所需的技能、知识和态度。体育教学内容的选择应处理好健身性、运动文化传递性和娱乐性之间的关系，将生活中常见的具有健身价值和终身运动性质的运动作为体育教学内容。学校体育教学中，通过教师对学生日常生活、学习息息相关的体育活动的参与引导，使学生养成参与体育锻炼的习惯，将体育运动纳入自己的生活，并坚持终身参与。终身体育是人类自身和社会发展的必然。

　　在不同体育内容对学生素质培养的研究中，野外生存与拓展训练集挑战性、冒险性、趣味性和实用性等特点于一体，对于学生的综合素质培养具有重要的意义和作用，因此，这两方面内容在学校体育教学中比例的增加将是我国体育教学的一个重要发展趋势，在未来学校体育教学发展中必将进一步受到重视。

第二章 高校体育教学模式

第一节 高校体育教学模式的内容与应用

体育教学模式是现代体育教学的重要组成部分，在体育教学中发挥着十分重要的作用。本章就现代体育教学模式体系的建设与发展进行研究，内容包括体育教学模式的基本知识、常见体育教学模式的应用、现代体育教学模式的构建，以及体育教学模式的未来发展等。

一、体育教学模式的基本内容

（一）体育教学模式的结构

体育教学模式的结构就是体育教学模式所包含的因素，其主要包括教学思想、教学目标、操作程序、实现条件以及评价方式等，具体内容如下。

第一，教学思想。作为体育教学模式的灵魂，教学思想是构建体育教学模式所需要的思想和理论基础。即体育教学模式的成功构建，是在一定的理论知识科学指导下进行的。同时，在不同理论的指导下所构建的体育教学模式也存在着较大的差异。例如，我国在20世纪80年代所建立起来的愉快教育与日本的快乐体育，这两种教学模式都是根据当时学生学习时的具体需求产生的，有利于学生参与学习活动的积极性和主动性的充分调动，并能够使学生通过体育教学养成终身体育的习惯。

第二，教学目标。确保体育教学目标的顺利实现，是在体育教学过程中进行体育教学模式构建的主要目的。如果缺少体育教学目标，那么体育教学模式也就没有存在的价值和必要了。"体育教学模式所能够达到的教学效果是体育教师对某项教学活动在学生身上将产生的效果所作出的预先估计"，而体育教学目标是体育教学主题得以具体化的表现。作为体育教学模式的核心，体育目标对体育教学模式中的其他要素有着影响与制约作用。

第三，操作程序。无论什么类型学科的教学活动，操作程序都是指的该学科教学活动中的教学环节或步骤。体育教学过程中的操作程序是指从时间层面上所开展的环节以及各个环节的具体做法等。无论哪一种体育教学模式，都具有各自独特的操作程序。需要注意的是，操作程序并不是一成不变的，它具有相对的稳定性。

第四，实现条件。所谓实现条件，是指体育教学模式中所采用的策略和手段，它是对操作程序的补充说明,并能够使体育教师选择合理的、正确的教学方法和策略。人力条件、物力条件和动力条件三个方面是体育教学模式中实现条件的主要内容。具体就是体育教师与学生、体育教学内容与时空以及学校的基础设施等。

第五,评价方式。不同的体育教学模式,所要完成的体育教学目标不相同,而且所采用的教学程序和条件也存在差异。因此,不同的体育教学模式也具有不同的评价标准和评价方式。每一种教学模式的评价标准和评价方法都是特定的,如果使用统一的标准进行评价,就会使评价不具备科学性,评价结果失去说服力。例如,与标准化评价相比,群体合作教学模式的评价标准是采用计算个人和小组合计总分的评价方式。

(二) 体育教学模式的特性

1. 优效性

一定的理论是体育教学模式得以建立的前提条件,同时也要在体育教学实践过程中进行不断的补充和修正,才能更好地促进体育教学模式的构建与完善。因此,促使体育教学质量不断提高,进一步改进体育教学过程,对体育教学中的各个环节进行更新与完善,降低教学资源的浪费与缺失,这些都是对体育教学模式进行完善的重要着眼点。从这一角度上来说,体育教学模式充分体现出了其显著的优效性特点。

2. 整体性

对于体育教学的处理,体育教学模式是从整体上进行的。在具体实践中,它既对体育教学活动的体育教师与学生等教学主体,教学目标、教学内容等教学客体的地位与作用做了明确的规定,同时也对影响体育教学活动并在教学活动中起重要作用的其他因素,如教学物质条件、时空条件、组织形式、师生互动关系或生生合作关系等做了相应的说明。由此可以看出,这几乎把体育教学论体系中的基本内容都涵盖了,因此人们也将体育教学模式称为"体育微型教学论"。体育教学模式的整体性特征要求人们在对体育教学模式作出正确的认识及运用的同时,一定要将体育教师的教学风格、学生的年龄特点、体育基础特点、课程内容特点等体育教学模式的主要要素整体全面地确定下来并熟练把握。除此之外,教学场地条件、环境条件、教学班级人数、气候特点等一些次要要素也要列入考虑的范围,同时还要清楚地认识到它们之间的相互关系,对各环节的相互配合、相互衔接也要表示足够的重视,从而使教学模式成为系统的教学程序。这种多部分、多要素、多环节的有机组合将体育教学整体性充分体现了出来,同时也对体育教学模式并非多环节、多要素的简单堆积进行了说明。因此,可以说,体育教学模式是具有一定科学性的。

3. 针对性

任何一种体育教学模式的建立都是针对体育教学实践过程中某一个具体的问题或者说问题的某一个方面而进行的,并且针对体育教学对象、体育教学环境、体育教学内容等不同要素所开展的。由此可知,体育教学模式无法包罗万象,它只针对其中特定的使用范围和教学目标。比如，情境教学模式是针对小学生理解能力较差、体育基础不够，而以体育故事形式把各种简单的体育动作组合起来进行教学的，因此这种教学形式对于中学高年级的学生是不适合的；又如，快乐体育教学模式是与传统体育教学中的强制性教学相对立的，学生在强制性体育教学中是体验不到快乐的，所以设计了快乐体育教学模式，因此这种教学模式对于学练一些简单的体育活动动作是较为适合的，而对于复杂体育动作的教学则是不适应的。

综上可知，是不存在最优的教学模式或普遍有效的教学模式的。体育教学模式与目标往往是一对多或多对一的关系，并不是一对一的关系。通常来说，一种模式的目标是多种多样的，而多样化目标又可以进行主、次的划分，其中主要的目标不仅是此模式与彼模式相区别的主要特征之一，同时也是人们有针对性地选用模式的一个重要依据。比如，启发式教学模式与快乐体育教学模式中都有发展学生技能、运动参与、情感方面等目标，但是，这些方面的主要目标并不是一样的，而是有一定的差异性的。具体来说，开启学生的学习智力，使学生的运动思维得到有效的发展，从而对运动技能的学习与掌握产生积极有利的影响，是启发式教学模式的主要目标；而使学生在学练一些较为简单的体育动作中体验运动的乐趣，并创造性地组合一些简单的动作，体验运动成功的感觉，使其自信心有所增加，则是快乐体育教学模式的主要教学目标。

4．简洁概括性

体育教学模式并非"复写"体育教学活动，而是在能将自己个性充分显示出来的基础上，将教学目标、教学方法、组织形式等开展某一教学活动的不重要因素省去，从理论高度简明系统地将模式自身反映出来。由此可以看出，它是对某一理论的浓缩，对实践的精简，表现出一定的简洁性与概括性。一定的体育教学模式能够将特定的体育教学思想充分反映出来，而且也在一定程度上简化教学模式的各环节，通过教学程序的方式将其展现出来，因此，充分体现出了体育教学模式显著的简洁概括性特征。教学模式的概括性主要是通过教学模式的表现内容、表现形式和表现种类等方面来体现出来的。具体来说，每一个方面的概括性都表现出不同的特点：第一，表现内容的概括性，就是对单元体育教学活动的实践或理论进行提炼、浓缩；第二，表现形式的概括性，就是将整个教学模式通过采用少许的笔墨、线条、图表或符号来大致反映出来；第三，表现种类的概括性，就是将具有共同特征的模式划分为一类，从而能够更加明确地表达出某一体育教学模式的教学目标。同时，也可以使体育教师在具体的体育教学实践中更加明了地选择与理解体育教学模式，以有效地避免多种体育教学模式产生相互混淆的现象。

5．可操作性

这里所说的可操作性主要包括两个方面的内容。一方面，体育教学模式易被教师模仿。究其原因，主要是由于教学模式不仅是教学理论的操作化，同时还是教学实践的概括化。体育教学活动在时间上的开展，以及每一教学步骤的具体做法都需要教学模式提供相应的逻辑结构与思维，也就是所说的操作程序。这样，教师在教学中应该先做什么，再做什么，最后做什么，就非常有条理，操作性较强。另一方面，体育教学模式的操作程序是处于基本稳定状态的，究其原因，主要是因为体育教学活动的特殊性、复杂性以及影响体育教学的主要因素不能受到精确控制。关于此，比较具有代表性的是魏书生同志创立的"六阶段教学论"，虽然从总体上看，教学是按照提出"教学要求——组织学生自学——师生讨论启发——开展实践运用——及时作出评价——系统总结"这样的程序进行的；运动技能类教学模式是按照"教师的示范讲解——动作分解教学——学生初步练习——纠正错误动作——再次练习——动作部分的结合练习——纠正错误动作——完整动作练习——强化练习、过渡练习题——掌握动作"这样的程序进行的，而且需要强调的是，它们的教学程序是不可逆转的。但是，其中某些步骤可以以教学实际情况为主要依据进行压缩、省略和重叠。这就充分体现了体育教学模式的可操作性特征。

虽然体育教学模式具有较强的针对性，但在不同条件与环境下开展体育教学，其产生的体育教学模式也表现出一定的差异性，也会因不同的教学指导思想和理论而表现出一定的差异性。但是一旦确立了体育教学模式，就可以代表一定的教学思想和理念，也就表明某一特定条件下具体操作的稳定性和可模仿性。具有相同的理念和外在条件，便可以使体育教师较易模仿，这就是体育教学模式的稳定性特点。需要注意的是，随着时代的变迁，指导思想与外在条件等发生质的变化，这就要求适当调整和变更体育教学模式，由此可以看出，体育教学模式的稳定性并不是绝对的，而是相对的。

（三）体育教学模式的功能

1. 简化功能

体育教学活动与其他学科相比较为特殊，而且十分复杂，因此处理起来有很大的难度。它不仅需要思辨和文字的处理，还需要采取一些具有简易性的方式，这样才能更好地开展体育教学活动。图示的方式具有突出的简易性特征，体育教学系统各要素间的次序及相互关系通过图示就可以得到清楚的显示，学生观察图就可以形成对体育教学的整体印象。体育教学各环节与各要素之间的相互关系在体育教学结构中能够得到反映，体育教学的组织结构和流程框架也可以通过结构图展现出来。体育教学的组织结构对原则、原理较为重视，而且对运动技能的学习也很关注。所以，客观而言，体育教学模式在体育教学系统中意义非凡。体育教学模式的构建要在充分考虑现代体育教学任务的基础上进行。体育教学模式对体育知识的学习、运动技能的掌握、学生学习目标、教师设计方案以及具体的操作策略都给予了高度的重视。由此可以看出，体育教学模式的可操作性特征非常突出，其拥有较为完整的结构和机制。另外，与抽象的理论相比，体育教学模式更具体、简化，与教学实际之间的距离更近，教师通过研究体育教学模式，可以获得基本的教学操作框架，并能够对教学程序有所明确，这对于教学工作的开展具有积极的意义。

2. 预测功能

体育教学活动的内在规律与逻辑关系是体育教学模式的基础，因此，通过体育教学模式，可以对体育教学进程和结果有一个合理的估计或准确的判断。甚至教学结果假说的建立也是以体育教学模式为基础的。通常，要预测某种教学模式，就要对其内在规律及其表面现象进行观察与分析。例如，快乐体育教学模式不仅对学生的学习体验较为关注，而且对学生掌握运动技能有很高的重视，这对于学生终身体育锻炼习惯的养成有积极的影响。可以从以下两个方面来解释快乐体育教学模式的预测功能。一方面，如果经过一段时间的教学后，预期教学目标没有实现，说明教学实践没有按照预测来发展，这时就要对原有的目标或现有的教学方法进行调整了。另一方面，如果通过一段时间的教学，预期的教学目标达成了，说明实践与预测相符，理论与实践相统一。

3. 解释与启发功能

通过简洁明了的方法来对相当复杂的现象进行解释，这是体育教学模式的主要功能和作用表现。发展体能教学模式是体育教学中一种常见的教学模式，建立这一教学模式的整体框架，人们可以从中获得整体的感知，框架中文字的解释能够使人们对该教学模式的理解进一步深入。下面主要从三个方面来解释发展体能教学模式中蕴含的理论知识。首先，阶段性的体能目标实施与反馈控制理论。其次，体育教学系统地、长期地发展体能的指导思想。最后，非智力、非体力因素参与体育活动并促进技能教学的发展理论。发展体能的过程比较乏味，从这一点来看，发展学生的体能，关键是要使其产生兴趣，有动力，有积极性，这是一项非智力、非体力的关键因素。

除此之外，对于整个教学活动来说，具体的某种教学模式的核心环节具有非常重要的作用和意义，制定教学目标与实施教学的过程中能够将这一点反映出来。具体来说，主要包括以下几个方面：第一，预先进行体能测验，实施诊断性评价；第二，对教学单元的合理安排要在对学生的身体条件与身体素质进行充分考虑的基础上进行；第三，针对单元中的体能目标，使学生重点进行练习，从而使目标能够顺利达成；第四，对学习过程进行总结性评价；第五，在评价的基础上采取有针对性的完善措施。

4. 调节与反馈功能

实践是检验真理的唯一标准，这是马克思主义唯物论的一个基本观点。从这个角度来看，实践体育教学是对体育教学模式的科学性与合理性进行检验的唯一标准。对体育教学模式的构建，需要建立在教学思想、教学条件和教学环境的基础上。例如，在运用体育教学模式时，如果运用效果不理想，预先制定的教学目标没有实现，就需要对运用该教学模式过程中的各个环节与因素进行仔细分析，并找出主要的制约性要素，针对该要素提出科学的对策，从而优化该教学模式，充分发挥该模式的价值。

（四）体育教学模式与其他因素的关系

1. 体育教学模式与教学思想

体育教学指导思想与体育教学模式存在着指导与被指导、反映与被反映的关系，两者之间关系非常紧密，具体表现在以下几个方面：第一，不同的体育教学指导思想，其所指导的体育教学模式也是不相同的，但是存在着多种体育教学模式受到同一体育教学思想指导的情况，这也能够从侧面说明通过同一个体育教学模式能够反映出多个不同的体育教学指导思想；第二，如何构建体育教学模式，以什么标准来进行构建，通过什么样的途径构建，所构建的体育教学模式应具备哪些特征等这些问题都受到体育教学指导思想的指挥与制约。第三，通过体育教学模式能够体现出某一体育教学指导思想。

2. 体育教学模式与教学目标

体育教学模式与教学目标两者之间的关系，主要通过以下两个方面来体现。一方面，在构建体育教学模式之前，首先要确立体育教学目标。也就是说，体育教学模式的构建是以一定的体育教学目标作为基础的，其目的就是达成这些体育教学目标。体育教学模式是根据不同的体育教学标准来研制和开发的。一切教学模式都是为实现一定的教学目标而制定的。另一方面，体育教学模式的形成并非以特定教学目标的制定为标准判断的。特殊的体育教学模式，其所对应的教学目标也是特定的，但是特定的体育教学目标并不意味着其所对应的教学方法和教学过程也是固定的，能够通过多种体育教学模式来达成某一特定的体育教学目标。

3. 体育教学模式与教学组织

体育教学组织形式也就是教学形式，是教学活动的一定结构方式，可以分为合班、全班、小组和个别四种形式。从大的范围来讲，体育教学模式也是一种教学组织方法，但与课堂教学组织有很大的不同。体育课堂教学组织主要表现为体育课的组织，体育课组织的主要内容包括分组教学、组织形式、课堂常规等。体育教学模式对应着一定的体育教学思想，它也是一种方略，对单元与课的结构从整体上进行改造，在功能与构造方面具有一定的独特性。

4. 体育教学模式与教学方法

体育教学模式与教学方法两者之间存在着不同之处。首先，是概念不同。所谓体育教学方式是指能够顺利达成体育教学目标的途径与方式，而体育教学模式是教学中的一种程序，具有特定的功能，并且对应着一定的体育教学思想和教学目标。其次，是特点不同。教学方法是可变化的，具有不稳定性。同一个教学方法可以传授多种教学内容，但有的学生可能比较适应这种教学方法，而有的学生比较适应另外的一种教学方法，每个学生在不同的教学方法中所获得的学习效果也是不同的。而教学模式具有稳定性，一旦确立之后，能够在很长时间里被运用。

在体育教学实践过程中，体育教学模式可以通过一定的体育教学方法来得以实现，两者之间可以相互配合。需要注意的是，在体育教学实践中，体育教学模式具有一定的稳定性，所选择的体育教学方法必须要与教学模式相适应，只有这样才能确保教学得到很好的组织，从而获得良好的教学效果。

5. 体育教学模式与教学风格

教学风格是教师所表现出来的具有稳定性和个性特征的思想、教学技巧和风度，其形成需要有一定的理论思想做指导，同时也离不开长时间的教学实践。教学风格是一个个体概念，大部分的教学风格是与个人的性格、修养等相联系的，很难被人模仿，也很难通过学习来获得。教学模式是对教学程序和教学方法的改造，这是一个群体概念。一般来说，只要教师具备基本的教学能力，都能够学习并灵活地运用教学模式。在体育教学中，可以采用不同的教学风格来对同一教学模式进行运用，即使教学风格相同，也可以采用不同的教学模式。

二、体育教学模式的基础应用

由于体育教师具有不同的风格特点，而且学生作为教学对象，其实际情况也存在着差异，因此学校体育教学过程中所采用的体育教学模式也存在着很大不同，侧重点也不相同。本节主要对常见的几种体育教学模式进行研究。

（一）小群体体育教学模式

"小集团学习"理论是小群体教学模式得以形成的基础。小群体体育教学模式指的是，教师在体育教学中采取分组的方式将学生按照一定的标准分为若干学习小组，并对学习小组的学习活动进行指导，鼓励与引导小组之间及同组成员之间进行积极的互动、互助、互争，以此来激发学生学习的兴趣，达到提高体育教学效率的目的。并不是体育教学领域最先使用小集团学习法的，体育教学领域中对该模式的采用直到20世纪50年代才开始。实践证明，在体育教学中运用这种模式，对提高教学效果与质量，深入改革与完善体育教学具有积极的意义。

小群体体育教学模式的指导思想体现在，在充分发挥教育作用的基础上，通过高校体育教学中的集体因素和学生间交流的社会性作用，促进学生交流能力的提高，促进学生的社会化发展。在对这种模式加以运用时，教师要将对学生自主学习能力的培养重视起来，而且要对学生之间的差异予以充分的考虑。因此，具体可以从以下几方面来分析小群体教学模式的指导思想：第一，对学生的思想与行为品质进行针对性培养。第二，对注意力的集中进行强调，并要求学生树立竞争与合作的意识，充分发挥自身在提高小组竞争力中的作用。第三，指导学生相互帮助、合理竞争，从而促进学生竞争与合作意识的加强和身心健康水平的提高。第四，要在条件基本均等的情况下，使组与组之间的学生合理竞技，从而激发学生学习的兴趣，提高学习的效果。小群体体育教学模式的操作程序如图 2-1 所示。

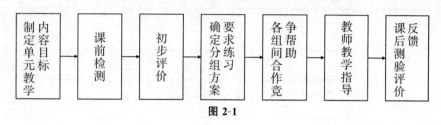

图 2-1

小群体体育教学模式的优点在于两个方面。一方面，小群体教学模式对学生的团结性较为重视，这对于学生学习积极性的充分调动、竞争意识与能力以及社会适应能力的不断提高非常有利。另一方面，通过小群体教学，学生的协作意识与合作能力、竞争意识与竞争能力都能够得到大幅度的提升。

而小群体体育教学模式的主要缺点在于这种教学模式对于学生社会适应能力的培养与提高过分重视，如果在这一方面花费大量的时间，将会影响对学生其他方面素质的培养，从而影响学生的全面发展。

（二）主动性体育教学模式

学生在现代学校教育中居于主体地位，因此主动性体育教学模式对于学生的思考、体验具有积极的引导作用，学生在思考与体验的基础上，与他人进行良好的交流和协同合作，从而使自身的社会技能与创造能力得到全面的提高。良好的课堂环境和氛围是高校体育教学中实现理想教学效果的保证，在这样的环境和需求下，主动性体育教学模式逐渐形成。

主动性体育教学模式的指导思想主要体现在以下四个方面：第一，培养学生的参与能力，学生学习主动性得以发挥的基础与前提是学生参与到教学活动中；第二，培养学生的教学能力，教师引导学生换位思考，如果学生作为老师，该如何开展教学工作，这有利于促进学生教学能力的提高；第三，培养学生的合作精神，对学生的团结协作意识进行培养，使学生树立正确的合作观，这样学生才能对团队合作的重要性有所认识，而且理解、尊重、宽容、信任、合作、民主的良好课堂氛围才能在学生与教师的共同努力下得以形成；第四，培养学生的创新意识，没有创新，就没有发展可言，因此教师应想方设法地对学生的创新意识与创造力进行科学培养。主动性体育教学模式的操作程序如图 2-2 所示。

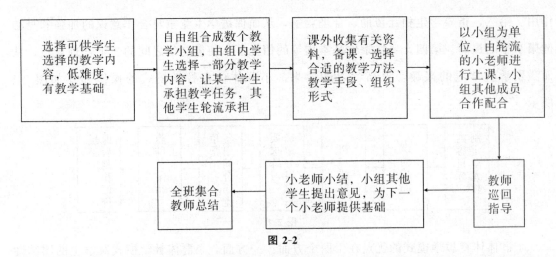

图 2-2

主动性体育教学模式的优点主要体现在两个方面。一方面，对主体性体育教学模式的运用有利于促进学生主体意识的不断强化与主观能动性的充分发挥；另一方面，对主体性体育教学模式的运用有利于促进学生自学能力及创造力的发展。

主动性体育教学模式的缺点主要体现在该模式要求学生个人拥有一定的自觉性和较高的自学能力，能够科学制定学习计划，合理选择学习方法与手段，有效组织学习形式等。很多学生都不具备这些条件与要求，因此对于这部分学生采用主动性体育教学模式进行教学，效果往往达不到预期目标。

（三）发现式体育教学模式

发现式体育教学模式是指通过体育教师的指导，学生能够独立地研究和发现事实与问题，从而可以更加深刻地掌握相关原理和知识的一种教学模式。学生的直觉思维、内在的学习动机以及教学过程是这一教学模式强调的三个重点。

在运用发现式体育教学模式的过程中，教师对学生的学习活动进行适当引导，使学生通过对自身主观思维的运用来积极思考，从而独立发现问题，并对问题加以解决。因此，通过遵循学生的认知规律来开展教学过程，体现以学生为主体，以学生为中心的思想就是这种体育教学模式的指导思想。具体可以从以下几个方面来理解发现式体育教学模式的指导思想：第一，着重增强学生学习的积极性和趣味性；第二，调动学生思维的主动性，开发学生的智力；第三，在以学生为主体的前提下，对学生进行指导；第四，在将答案揭晓之前，要让学生自己去探索问题的结果；第五，对问题情境进行设置，并使学生投入到教学情境中的过程更为自然，对学生的学习热情与积极性进行激发与鼓励；第六，可以提高学生学习运动技能的效率，使学生更加深刻地领悟技能和知识，记忆更加牢靠。发现式体育教学模式的操作程序如图 2-3 所示。

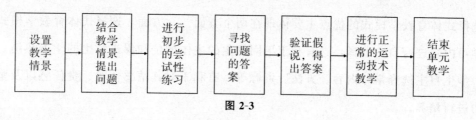

图 2-3

发现式体育教学模式的优点主要体现在两个方面。一方面，学生学习的热情和积极性在发现式体育教学模式中能够得到充分调动，学生的学习效率能够在这一模式的运用过程中明显地提高。另一方面，学生的智力在发现式体育教学模式中能够得到有效开发，智力水平也能够有一定的提高。学生智力的发展是发现式体育教学模式非常重视的一个关键点，因此该模式要求通过对问题情境的设置来激发学生学习的好奇心，进而促进其思考能力的不断提高。

发现式体育教学模式的缺点也有两个方面。一方面，在提出、讨论以及解决问题等环节中，发现式体育教学模式占用的教学时间较多，使学生用很少的时间来练习和巩固运动技能，从而对学生技能水平的提高造成制约。另一方面，不稳定因素会严重影响发现式体育教学模式的运用效果。

（四）选择式体育教学模式

在"健康第一"思想和新课程标准的影响下，为了更好地突出学生的主体地位，发挥学生的主体作用，现代高校体育教学中采用选项课的形式来作为教学方式。选项课的设置能够使学生在体育学习过程中以自己的兴趣爱好及实际需要为依据来对体育项目进行自主选择。选择式教学模式可行性强，教学效果良好，所以受到高校的普遍欢迎。

选择式体育教学模式能够使学生的主体性与能动性得到充分发挥，关于学习内容、学习进度、学习资料、学习伙伴、学习难度等都由学生自主进行选择，这对于学生学习积极性、自觉性以及良好学习能力的培养具有突出的意义。选择式体育教学模式的操作程序如图 2-4 所示。

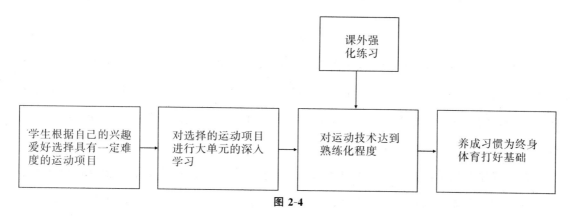

图 2-4

选择式体育教学模式的优点主要体现在两个方面。一方面，选择式体育教学模式使学生对学习内容进行自主选择，这有利于巩固学生的主体地位和促进学生的学习热情。另一方面，学生自主选择学习内容、方法、资源等，有利于对其情感体验、责任感以及坚强的意志力进行培养。

选择式体育教学模式的缺点也主要体现在两个方面。一方面，有些学生还不清楚自己对什么运动项目感兴趣，而且对自己的特长与优势也没有明确的认识，对这类学生运用选择式体育教学模式，就会出现盲目选课的现象。也就是说，并不是所有学生都适合采用这种教学模式。另一方面，采用这种教学模式，容易使学生在选课时产生功利性倾向，即为了获取学分而选择难度小的课程，因而一些课程有很多学生选，而另一些课程却无人问津，这不利于体育教学活动的顺利开展。

（五）领会式体育教学模式

领会式体育教学模式由英国学者提出，最早提出是在 20 世纪 80 年代。当时，这种教学模式主要运用于球类教学中，目的是改造球类教学的教学过程结构。

以下是领会式体育教学模式指导思想的主要内容：第一，先尝试，后学习是这种教学模式强调的重点；第二，使学生通过尝试对学习该运动技术的重要性有所了解，从而调动其学习的积极性；第三，提倡先完整教学，后分解教学，学生掌握被分解后的各个环节后，再进行完整练习，对比前后效果；第四，以组织竞赛的方法来促进学生学习积极性及学习热情的提高是最为有效的。领会式体育教学模式的操作程序如图 2-5 所示。

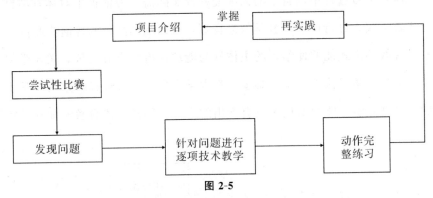

图 2-5

领会式体育教学模式的优点主要体现在运用领会式体育教学模式，首先让学生对技术动作进行初步体验，使其对学习正确动作的重要性有所认识，然后以学生的实际情况为依据来对合理的教学方法进行选择，从而有效激发学生的学习动机与热情，充分调动学生的学习积极性，促进学生学习效果的提升。

领会式体育教学模式的缺点主要体现在尝试性比赛中，比赛活动很可能会因为学生不了解这项运动而无法顺利开展。想使这种情况得到避免，促进竞赛活动的顺利进行，教师可适当地对竞赛的规则与难度进行调整，使学生有一个循序渐进的适应过程，待学生了解该活动后，再按照原有的要求来开展竞赛，从而促进学生不断进步。

（六）成功式体育教学模式

20世纪90年代，成功体育教学思想被提出，经过长期的研究和不断的实践，其在体育教学中得到了充分的运用，并取得了良好的效果。成功体育教学模式具体是指通过对合理方法与措施的运用，对学生自主制定个人学习目标进行引导，而且使学生经过不懈的努力来达成目标，使学生从中体会成就感与满足感，从而促进学生身心全面发展的一种教学模式。因此，促进学生学习自信心的提高和身心的全面发展是成功体育教学模式的主要价值。

成功体育教学模式是实施素质教育的一个重要途径，让学生亲身体验体育学习的乐趣是该模式的主旨。这种模式对教师的激励作用做了重点强调，提倡通过教师的激励来使学生对自己形成正确的认识，使学生的学习信心不断提高。从评价角度而言，激励性评价是成功体育教学模式的主要评价特征，个体参照标准是进行激励性评价的主要标准。具体来说，就是在评价过程中，关于技能的评价以学生的自我纵向比较为主，关于情感体验的评价以学生的自我心理体验为主。现代体育教学中，这种评价方式意义重大。需要注意的是，成功体育教学模式存在不足之处，即教学组织工作难度较大，而且并非对所有学生都适用，因此教师在采用这一模式的过程中，要注意避免这些不足带来的问题。成功式体育教学模式在体育教学实践中的具体操作程序如图2-6所示。

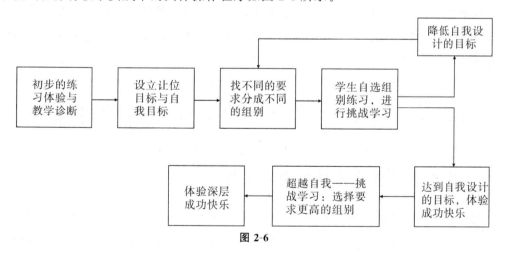

图 2-6

体育教师在教学实践中运用成功式教学模式需对以下几个要点加以注意：第一，注重对和谐、温暖的学习环境的创造；第二，对竞争和协同合作的作用进行强调；第三，结合相对评价与绝对评价来对学生进行评价；第四，鼓励学生进行成功体验，引导学生在失败中总结教训；第五，在对学生的个性特点加以充分考虑的基础上来运用成功式体育教学模式，从而充分发挥该模式对于学生的积极影响。

（七）范例教学模式

范例教学模式指的是，教师对一组相关知识中最本质与典型的案例进行讲授，然后对学生进行引导，使其探寻其中的规律，对同类知识进行举例，从而促进学生思考与解决问题能力不断提高的教学模式。在高校体育教学中，实例（即范例）的讲授有利于大学生对体育基本知识的快速掌握及对体育技能的正确理解，范例教学模式正是在这样的教学背景认识下所提出的。

体育教师在对范例教学模式进行运用之前，必须从教学论的角度来分析体育教学内容，具体从以下几个方面展开。首先，对本课题内容的重点与具有普遍性意义的内容进行分析，通过对范例的探讨来使学生对应掌握的原理、规律及方法有所了解。其次，对本课题教学内容的特点进行分析，并对相应的教学手段、教学方式和作业进行科学的设计。再次，对本课题教学中的问题在全部教学内容中的地位，本课题内容的结构特点和课题各结构要素中的重点、难点、层次和联系等进行分析。又次，对本课题内容进行分析，从而对学生的智力进行激发，促进学生学习的不断进步。最后，对本课题学生在未来生活与发展中的意义进行分析。

体育教师需按照以下步骤来实施范例教学模式：第一步，体育教师应范例性地将"个"的阶段阐明，即教师以个别事实和个别对象为例，将事实的本质明确提出来；第二步，范例性地进行"类"的阐述，教师从对个案的认识出发，通过对个别事例的归类来对"类"现象进行探讨；第三步，教师在前两个阶段的基础上，对"类"的背后隐藏着的某种规律性的内容做进一步的深入探讨；第四步，通过教学，使学生对世界最基本的经验加以掌握，并在此基础上加深对客观世界的认知，增强行为的自觉性，即范例性地获得世界经验和生活经验。

第二节 高校体育教学模式体系的构建过程

一、体育教学模式构建的参考依据

首先，体育教材性质。体育教学以教材为基本工具，体育教师教学、学生学习都要借助教材这一基本教学工具。体育教材也是体育教师与学生共同完成体育教学目标的内容载体。通常把体育教材分为分析性教材与概括性教材两大类，这主要是以体育教材内容的性质为依据划分的，具体分析如下。在分析型体育教材中，运动技术具有一定的难度，讲解该类教材的目的是促进学生的创新能力和自主学习能力提高，增长体育知识与技能。在对该类体育教材进行学习时，要注意培养学生的学习与创造力，所采用的体育教学模式主要有主动性体育教学模式、发现式教学模式以及领会式体育教学模式等。在概括性体育教材中，运动技术都不是太难学习和掌握，讲解该类教材的目的是让学生能够简单地了解所学的体育项目，培养学生对学习体育的兴趣，促进学生的身心健康全面发展。在对该类教材进行学习时，要注意让学生体验到学习的乐趣，并获取快乐，所采用的体育教学模式主要有快乐式教学模式、情景式教学模式以及成功教学模式。

其次，体育教学目标。教学目标是构建和运用体育教学模式的关键所在，体育教学思想与体育教学目标为体育教学模式注入了活力，并指明了方向。对于教学模式来说，可以通过体育教学目标和体育教学思想来进行区分。在进行新课程改革之后，体育教学目标主要包括以下几个方面：促进学生正确掌握运动技能的目标；促进学生身心健康的目标；提高学生运动参与能力与积极性的目标；提高学生社会适应能力的目标。上述体育教学目标要求在体育教学中要构建与选用情景体育教学模式、探究体育教学模式，以及成功式教学模式等进行教学。

再次，体育教学对象。学生作为教学主体，也是体育教学活动不可缺少的重要组成部分。因此，体育教学模式的构建必须要针对学生的具体实际情况及特点来进行。小学、中学、大学是学生所经历的三个重要学习阶段。学生在不同的学习阶段，其心理情况与身体状况也存在较大差异。所以，在构建学校体育教学模式时，要针对各个阶段学生的具体实际情况来进行考虑。在大学时期，学生主要接受专项的体育运动教学训练，因此技能型体育教学模式是该学习阶段所适合采用的体育教学模式。这样也能够使体能性体育教学模式从中发挥出辅助作用，故构建以上两种教学模式是非常重要的。

最后，体育教学条件。不同的体育教学模式，所适应的体育教学条件也存在着较大的差异。各个地区各个学校的体育教学条件都有着非常明显的差异性和复杂性。以城市和农村地区为例，两个地区的经济水平差距很大，因此体育教学场所、设施与器材也有差距。根据以上情况，体育教师要从实际出发，实事求是，构建出恰当的体育教学模式，从而顺利地完成体育教学任务和教学目标。农村学校的教学水平与条件有限，因此不适合构建并选用要求外部教学条件良好的小群体教学模式。

二、体育教学模式的构建原则

首先，坚持教学目标、内容、形式、结构与功能的统一原则。就本质来看，构建现代体育教学模式能够使学校中体育教学活动形式与内容、结构与功能的关键问题得到有效的处理。因此，体育教师要全面地分析各类体育教学课堂形式和结构的功能与作用，同时根据教学条件和教学目标来合理地选择体育教学模式。

其次，坚持统一性与多样性的统一原则。体育教学模式构建的统一性是指在构建和创造体育教学模式时，要继承新中国成立以来我国体育教学思想和成功经验。新型体育教学模式构建的多样性是指在开发和构建体育教学模式时应尽量实现多样化，避免单一化与程式化的不足。

最后，坚持借鉴与创新的统一原则。体育教学模式要坚持创新与借鉴的统一性。借鉴在这里主要指的是借鉴两个方面的内容：一是对国外先进的教学模式理论进行借鉴；二是要对国内先进教学模式理论与成功教学经验进行借鉴。随着全球化趋势的不断加强，教育全球化也必然会对学校体育教学产生影响，若未借鉴外国的先进教学模式理论或者借鉴之后没有进行足够的创新都是故步自封的落后表现。因此，对创新与借鉴进行有机结合，才能对成功的经验进行运用，同时吸取失败的教训，不走或者少走弯路。具体来说，统一借鉴与创新，就是要以正确的体育教学思想为指导，革新原有的落后的体育教学模式，借鉴前人和他人的成功经验和理论，结合教学中的客观实际，提高体育教学的效率。

三、体育教学模式的构建步骤

概括地讲，现代体育教学模式的构建主要步骤如下：第一，明确指导思想。构建的体育教学模式以哪种教学思想作为依据，才能使教学模式将主题思想更为突出，并具有理论基础。第二，寻找典型经验。通过以第一步作为基础，来展开调查研究，从中寻找出典型的经验或者原型作为教学案例，所选择的案例要与构建的教学模式的目的与思想相符合。第三，确定构建模式的目的。在明确指导思想的基础上，确立建构体育教学模式所达到的目的。第四，抓住基本特征。针对教学案例，采用模式方法来进行分析，概括出教学案例的基本教学过程和基本特征。第五，确定关键词语。确定表述这一体育教学模式的关键词。第六，简要定性表述。针对这一体育教学模式进行简要地定性表述。第七，对照模式实施。对照这一体育教学模式具体实践教学进行实践检验。第八，总结评价反馈。通过进行相应的体育教学实践验证来归纳总结出相应的实践检验结果，并通过初步实践来对模式进行调整修正，并在不断的反复实践中对模式进行不断的完善。

第三节　高校体育教学模式的发展趋势

一、体育教学模式的改革重点

随着我国体育教学的不断深化改革，体育教学模式会有更多的创新形式出现。而我国学校体育教学模式未来改革的侧重点主要表现在以下几个方面。

首先，重视学生的主体性。传统的体育教学模式过于重视教师的主导作用，只是将整个教学过程过于片面地归结为教师的教，却忽视了学生的学，从而导致学生在教学中始终处于被动地位，阻碍了对学生主观能动性和能力的培养。随着以学为中心的教学理论的不断发展，过去传统的师生关系已经发生了很大的变化，教师与学生的地位和作用也产生了改变。"教师中心论"逐渐被"教师主导学生主体论"取代。在这种新的教学观的影响下，体育教学模式也进行一定的改变。也就是说，将以教师为中心的教学模式转变为以教师为主导、以学生为主体的教学模式是现代体育教学模式改革的主要趋势。这种新的教学模式，有助于培养学生的自学能力、探索能力和创新能力，使学生的学习能动性和积极性得到调动。值得注意的是，这种教学模式符合现代人才培养的理念，因此可将其作为现代体育教学模式改革的重要方向。

其次，保留演绎型教学模式。通过对实践经验进行概括而成的归纳法以及依靠逻辑生成的演绎法是教学模式得以形成的两种方法。所谓演绎教学模式就是根据一种理论和思想进行设计而成的一种教学模式。它包括很多种教学模式，1950年以后产生的教学模式大都属于这种类型。这种教学模式是从理论假设开始的，形成于演绎，它比较重视科学理论基础。演绎教学模式的这一特点不仅为人们自觉地利用科学理论做指导提供了一定的可能，而且还为主动设计和建构一定的教学模式来达到预期的目的奠定了一定的基础。综上可知，演绎型体育教学模式已成为现代体育教学模式发展的重要趋势之一，符合体育教学理论的发展与研究方向，因此在体育教学模式深化改革中要注意对演绎型体育教学模式进行保留。

最后，注重学生能力的培养。随着现代社会的快速发展以及科学技术的进步，知识的迅速增长，社会竞争压力的增大以及终身教育的普及，现实环境对人们的能力提出了更多更高的要求。单一的知识积累已经无法满足现代社会发展的需求。这就要求在具体的体育教学过程中，要对教学模式加以改进，从而使其更加有利于培养学生的运动能力、一般能力、自学能力、社交能力和创造能力。另外，在普及九年义务教育初期，就已经开始强调要使学生全面发展德智体美劳，而且在越来越多的实践活动中，人们已经充分认识到了能力的重要性。在这种背景下，体育教学模式已经从对传授知识的强调逐渐转变为重视学生能力的培养，这也成为体育教学模式的重要改革方向。这样做既可以使学生能够参与到实践活动之中，能够更加全面地认识和了解自己，而且还能使自身的各项能力得到不断的挖掘和培养。

二、体育教学模式的发展趋向

第一，教学目标的情意化。教学实践研究表明，智力因素和非智力因素对学生的学习活动起着非常重要的作用。在传统教学活动中，智力因素受到过度的重视和强调，却忽略了非智力因素的作用，所幸现代体育教学模式经过不断发展逐渐针对这一情况进行了改善，并取得了很大的进步。现代体育教学模式的目标在使学生增长知识，培养学生能力的同时，更加注重将人格教育、品德教育、情感教育与知识教育结合在一起。当人们越来越重视和关注人体心理学时，对于学生情感的陶冶也自然受到更多的关注，同时将情感活动作为心理活动的重要基础，更加全面地培养学生的情感性、独立性和独创性。例如，情景式体育教学模式和快乐式教学模式通过问题情境的创设，提高教学过程的新奇感与趣味性，使学生的学习兴趣得到有效激发，从而产生一种强烈的学习动机，这种动机下学生学习和掌握体育知识技能带有很强的情感色彩。

第二，教学形式的综合化。体育教学形式的综合化是指体育教学模式向着课内和课外一体化发展。由于受到有限时间的制约，课上的时间无法使学生熟练掌握自动化的运动技能，养成锻炼身体的习惯。这就需要通过利用课外时间来使学生得到练习和巩固，课内的主要任务是学习新的知识，并针对出现的错误进行修正。只有如此，学生才能够真正掌握好运动技能，从而实现个体运动技能的自动化。但从目前情况来看，我国各学校对于课外体育活动的重视程度并不高，要远远弱于对体育课的重视，甚至有的学校处于放任自流的状态，这也对教学效果产生了诸多不良影响。从体育教学模式发展的角度来看，对课外体育活动的不够重视，也会使得其他相关方面的研究受到一定影响。"课内外一体化"教学模式，虽然设计了课内与课外相结合的教学，但在实际运用过程中还不够成熟，也没有形成明确的操作模式。这种模式目前尚未被列入现有的体育教学模式之中。也只有当这种模式具备成熟的理论与实践经验后，自然而然便成为一种非常重要的体育教学模式。

第三，理论研究的精细化。更好地指导体育教学实践是对体育教学理论展开深入研究的主要目的。如果不进行相应的理论研究，同时又缺少相关的体育实践经验，那么就会使整个体育教学失去意义。只有将体育教学理论研究同实践研究两者进行有机结合，才能够进一步加强理论研究的成效和力度。同其他理论一样，对体育教学模式进行的研究必然是由一定的教学模式研究不断向着学科教学模式进行研究，再向着课堂教学模式进行研究的结果。体育课堂教学模式的精细化研究是体育教学模式研究的必然发展趋势，其研究内容主要包括学期教学模式、单元教学模式、课时教学模式。

第四，评价标准的多元化。不同的体育教学模式，所采用的评价方式也存在着很大的差异。体育教学模式随着现代体育教学改革的不断深入发生了很大的变化。针对某一体育教学模式，采用单一的评价方式很难得到客观的认识。因此，在进行评价时，要采用更为全面的评价方式，采用的评价指标也更具多元化。对评价结果过于重视，而忽视对学生学习与实践过程的评价，是传统体育教学模式存在的缺点，这往往会导致很难全面地体现和反馈学生的学习兴趣、爱好和情感反应等。现代体育教学模式已经开始摆脱了过去单一的终结性评价方式，开始重视对学生学习过程进行单元评价和过程评价，并鼓励学生进行客观的自我评价等。

第五，教学实践的现代化。现代教育和科技的现代化发展在教学方面也获得了很大的突破，在很多的教学实践活动中都能够体现出非常明显的现代化特点，针对传统体育教学方法的创新与改革也逐步得到实现。

　　在现代体育教学活动中，先进技术产品和手段的运用也在很大程度上提高了体育教师的授课效率，同时也进一步增强了学生学习的兴趣，调动了他们主动学习的积极性。就目前来看，现代体育教学模式已经与现代教学技术手段开始进行融合。由此可知，将先进的技术手段引入和运用到体育教学模式中是现代体育教学模式发展的重要趋势。

第三章　高校体育社团建设

第一节　高校体育社团发展与功能特点

一、高校体育社团发展概述

在新形势下，高校体育社团是广大大学生在校求学期间最经常参加与影响最为广泛的体育组织，它在运行过程中，从本质上体现了体育教育的重要作用，是高校体育教育的主要方式。对于高校体育社团来说，体育教育功能不仅是对高校学生体育教学理论的一种补充，也是对高校体育社团体育研究理论系统的丰富与完善。在具体的工作中，高校体育社团的体育教育功能可以强化体育的感召性，从而增强高校体育教学工作的实效性与目的性。

（一）高校体育社团的基本概念

所谓体育社团，即为体育社会团体的缩写，它拥有着长期的发展历史。从西方角度看，体育社团的诞生是与西欧中世纪学校密切联系的，它的出现为当时学生的整体发展起到了积极的作用。从我国角度来看，体育社团的雏形最初诞生于先秦时期。然而完全具有现代意义的高校体育社团则出现在 20 世纪初期，拥有强烈的时代特色，这种时代特色就是传统的体育精神与爱国主义精神，并且这种精神长期是作为社团的核心思想来发展的。现代的高校体育社团，从概念上可以理解为是由大学生根据自身的体育兴趣爱好自愿组成，并按照有关规章来进行体育活动的大学生组织。高校体育社团是新时期开展素质教育极为有效的方式，尤其是在增强大学生体质健康、体育素养与社会适应力，强化大学生的就业能力以及增强校园文化等方面具有重要价值和积极作用。在新时期，高校体育社团一方面弥补了课堂体育教学的不足，另一方面成为高校体育教学的重要组织动员模式。

（二）高校体育社团的类型

1. 体育竞技类

它主要是通过组织大学生参加各种体育竞赛，从而响应国家全民健身的号召，并且在活动过程中使大学生的身体得到锻炼，精神得到了升华。譬如篮球协会、游泳协会以及网球协会等形式。

2. 体育理论研究类

所谓体育理论研究类社团，具体指的是在体育理论研究的过程中，时刻秉持理论学习与具体实践相统一的原则，从而增强大学生体育素养的理论研究类的学生组织。它的主旨是学习研究新时代体育理论，调研体育热点问题，践行社会主义体育价值观。体育理论研究类社团具有各种活动形式，主要目的是给予广大大学生一个体育理论研究与讨论的平台，令不同年龄的学生彼此交流自己的心得体会，从而使各成员的体育素养得到共同进步与发展。体育理论研究类社团依靠这种体育教育形式不仅使最先进的体育理念更容易地渗透到课堂与大学生的思想，从而使高校体育教学工作的进展更为顺利。通常情况下，虽然体育理论研究类社团在高校与其他社团相比数量比较少，活动范围也不大，但是体育理论研究类社团凝聚起了众多学习程度好又体育素养过硬的大学生，逐渐发展为培养新时期先进青年的沃土，是对大学生体育价值观进行教育的主要体育教学方式。

3. 体育实践类

所谓体育实践类社团，具体指的是社团成员利用自身所学进行体育公益活动与服务以检验自己所学，从而使社团成员培养出具备综合实践能力的体育实践类学生社团组织。体育实践类社团的主旨是培养大学生的个人体育素养、体育职业素养以及体育道德意识，在教学的过程中使大学生的体育意识得到增强，从而为大学生建立起一定体育精神，并在这个过程中充分体现大学生的时代风采。

二、高校体育社团的功能特点

（一）高校体育社团的功能

1. 教育承载功能

所谓教育承载，具体指的是在体育教学的进行过程中，一些方法与模式可以被教育工作者广泛运用，而承载一定程度的教育内容，起到了促进大学生在这种方法与模式中接受体育教育内容的功能。由于学生社团作为一种有效的体育教学载体，这就决定了其自身所拥有的教育承载功能。而对于教育载体来说，其指的是承载的体育教育要素可以被教育工作者所广泛运用，并且教育工作者与学生能够互相发生作用的一种体育教学活动方式。根据这个概念我们可以知晓，成为载体需要满足两个方面的条件：第一，是可以承载体育教学的目标、职责、规定以及内容等要素，而且还要被教育工作者所掌控；第二，是需要一种可以联系到教育工作者与学生的形式，且双方能够有效互动。对于学生社团来说，其自身属性绝对可以满足体育教育载体的两大条件，能够成为高校体育教学工作的重要载体，并积极地发挥出自身的教育承载功能。首先，高校体育社团作为一种弘扬校园体育文化的学生组织，它种类各异、内容丰富、学生覆盖面广等特点是其他形式无可比拟的。尤其是在深化校园体育文化建设、增强大学生个人素质、指引大学生适应社会发展等方面起到了积极影响。鉴于此，高校应充分利用学生社团的组织特性，借助高校体育社团的这一体育教育载体，对体育活动进行有目的性的积极指引，把体育教学的目标、职责、规定以及内容在不知不觉间渗透到大学生的思想意识中，使教育效果得到巩固。譬如，高校团委可开展学生社团主题活动周，对体育社团依照自身特色或与其他学生社团进行交流合作而开展与主题相符合的活动进行鼓励。这样一来，既可以令大学生主动地去学习有关主题的理论知识，还能够在具体的实践中把主题知识渗透到大学生的思想中。其次，体育社团作为一种连接体育教育工作者与大学生的纽带，二者都可以通过这个纽带开展互动。现阶段，随着时代的快速发展，大学生的主体思想越来越浓厚，他们对个体的发展也更加重视，传统的体育教学已经无法满足其对现实的需求，但是体育社团可以给予他们想要的一切。大学生在学生社团活动中可以主动地向教育工作者寻找帮助，在与教育工作者进行互动时，教育工作者也完全可以通过体育社团来知晓大学生的情感与理想价值，从而有效改变教学方法，以此强化体育教学的实效性。

2. 价值导向功能

所谓价值导向，具体指的是利用启迪、激励、评估、监督等德育方式，对大学生进行积极指引，使其把使命感与上进心转变为现实的奋斗方向、价值追求以及行为标准，逐渐发展为个人的精神信仰与动力，树立积极向上的体育价值观念，从而为中国特色社会主义建设贡献出自己的力量。价值导向是体育社团所有功能中最有标志性的功能，它能够让广大大学生在多姿多彩的体育社团氛围中，获得公平的锻炼与发展个人素质的机会。通过对体育社团活动目的的追寻、对学生社团规范的履行以及与成员的互动交流过程中受到积极的指引，从而使自己形成高尚的体育道德观以及积极的体育价值观，最终肩负起建设中国特色社会主义社会与民族伟大复兴的重任。

3. 凝聚鼓舞功能

所谓凝聚激励，具体是指依靠体育社团对大学生的思想意识、心理情感进行凝聚，使其发展为一股庞大、具有向心力以及目标一致的精神能量，推动具有相近精神能量的大学生更加凝聚在一起，并且经过一些不同形式的外界影响，使广大大学生被这种努力拼搏、不屈不挠、勇于攀登的体育精神所鼓舞，逐渐发展为一种浓厚的社会职责意识与动力，从而使自身的道德素养得到提高。首先，在体育社团的实践过程中，大学生经过体育社团的规范与社团文化的长期浸染，能够形成一种通过情感来打动人、通过情感来教育人的情感意识，从而使大学生能够为体育社团长期发展与自身综合素质的提高，建立一种成员都共同接受的符合社团主旨的价值观念，形成一种精神聚合力。同时，在体育社团所有成员的日常相处中，也能够使彼此间的友谊得到增进，从而使大学生产生对社团的归属感与使命感，这种精神聚合力，对大学生具有强大的感染性与凝聚性。其次，这种凝聚鼓舞还反映在对大学生的精神鼓舞方面，它具体包括榜样鼓舞与感情鼓舞两个方面。其一，榜样鼓舞。一个完善的高校体育社团，必定会有一个各方面都十分优秀的核心人物，他的榜样作用十分巨大，可以激励成员以模范为依据寻找出自身的差距，进而改正并奋斗。大学生通过榜样的鼓舞作用，可以逐渐形成一种"学习模范"的体育教育氛围，犹如在茫茫大海中发现指引航向的灯塔一样。其二，精神鼓舞。由于体育社团文化在本质上具有一种开放与广博的属性，这就决定了其必然会在潜移默化中培养与激发出大学生的探索精神与求知欲望，从而使他们形成自主学习与独立探索的创新意识。

4. 心理调适功能

所谓心理调适，具体指的是采用沟通、交流以及劝导的方式，对大学生进行心理、感情调适以及恰当地对其人际关系进行调整，从而使大学生形成积极健康的思想意识与全新和谐的人际关系，以此促进社会的和谐发展。新时期的大学生正身处于我国社会变革期，他们不仅从小就接受着民族传统文化的滋养，也时刻受到西方思想的渗透。随着社会思想的进步，传统的以父母为核心的家庭文化日渐衰微，一些叛逆、张扬的新文化开始融入社会生活的方方面面。大学生由于尚处在心理发展阶段，他们自身的成人身份与社会地位的不符合容易使他们产生思想疑惑，而高校体育社团对于调适大学生的心理负担以及促进心理健康发展起到了积极作用。其一，体育社团的活动类型、形式以及内容种类繁多，具有生动性与趣味性，大学生在体育社团活动中减少了来自课堂教学的思维禁锢，从而可以更加主动地表达个人的情绪与渴望。其二，体育社团全体成员之间是一种公平的关系，他们兴趣相同，容易形成和谐的社团氛围，大学生在与同伴一起进行活动时，可以互相间较快地产生归属感，从而当大学生在面对一些无法启齿的心理问题时就会有个可以倾听的对象，预防产生抑郁与自闭等心理疾病。其三，大学生在体育社团中可以把个人的才智充分展示出来，并且还可以增强个人的综合素质与自信心，这能够让一些有自卑感与孤独感的大学生找到心理寄托、归属感以及奋斗方向，从而为他们增强个人价值意识与建立健康人格起到了积极意义。言而总之，高校体育社团对增强大学生的心理素质、调适心理以及强化创新意识等方面具有重要的引导作用。

5. 自教自律功能

自教自律对大学生的道德培养主要表现为"直接"与"间接"两方面。首先，从"直接"方面来分析，一个规范和清晰的道德规章与宗旨是自教自律的基础，由于这种"直接"的管制并非静止的自我约束，而是大家都以一定的目标、遵守一定规章的动机约束。高校体育社团的规范作为一种所有成员一同接受与遵循的规范，他体现出了集体主义理念，具体表现为有一定的纪律特征，对所有成员的行为拥有一定的约束力。在约束的过程中也给予了大学生一种责任意识。高校学生社团的规范都已融入基本生活中，若成员认真遵守规范，就会得到认可与鼓励，若是成员违反了规定，就会遭到其他成员的指责。所以，为了捍卫社团与个人的尊严与荣誉，大学生会自觉地履行社团规范，从而使个人的道德修养与基本行为符合社团的要求，以此提高道德品质。其次，从"间接"方面来分析，它比硬性的"直接"约束更可以从根本上培养大学生的日常行为规范。这种"间接"的约束可以有效使大学生在社团活动中，将积极向上的体育价值观念与体育道德首先在意识中形成一种固定思想，并产生一种回应思维。每当外界发出吸引信息时，就会得到思想的回应与共鸣，从而转变为一种预期行为。大学生在"间接"约束与社团活动的感染下，能自觉主动地接受高校体育教学的方向、内容与规范，以此将个人的思想意识、具体行为与价值观念逐渐与体育教学相同步。所以，高校体育社团的自教自律功能可以利用到"直接"与"间接"的不同特性，积极地对大学生的思想道德与行为进行自教自律指引，使其形成健康的品格。

（二）高校体育社团的特点

1. 主体性特点

主体性，是一个健全的人所具有的生存与发展形式，它不仅思考的是个体的自身发展，也是对怎样成为一个"现实"的人进行的积极探索。在传统体育教学中，往往是一种教师传授，学生学习的育人方式。在这种体育教学形式中，教师通常情况下是教学过程中的主体，而学生只能被动地成为获取知识的客体。相反的是，高校体育社团使大学生从活动起始计划到开展都是作为核心主体而存在的，他们对社团活动拥有个人的选择方向。在社团活动中，所有成员之间是一种平等交流，和谐互动的关系，而教师只是起到引导的责任，大学生完全可以自由地讨论、展示个人兴趣，以此发展为主体与创新的平衡共存，这就使作为体育教育对象的大学生具有主体性的特点。另外，它不只是在大学生参加学生社团时的自主选择范围方面有所体现，也反映在社团建立与开展活动方面。大学生在充满自主性的社团活动里，共同学习进步，汲取对方的优点，弥补自身的不足，并不是从教师那里接受信息。这可以理解为一种以大学生为主体的学育过程。

2. 隐藏性特点

艾略特认为，对于所有生物来说，即使是最为浓厚的内在属性，在很大程度上也是由其外部环境所造成的。这充分说明了环境对人有着潜移默化的影响作用。现代科学研究发现，人类的潜意识中有非常强的吸收信息的灵敏特征。对于高校体育社团来说，它在本质上就是一个具有隐藏特点的隐藏课堂，大学生在这个隐藏课堂中，不仅是作为一个受教育对象，也是一个教育者。这种隐藏教育并非向大学生直接传授体育理论，而是通过各种社团活动，利用不同的条件，在不知不觉间向大学生进行体育教育，使他们在具体的现实环境中得到锻炼，并逐渐树立积极向上的价值观念，主动地接受教育，降低叛逆否定感。在社团活动进行中，所有成员互相沟通，畅谈个人的想法与观点，共同合作寻找最为有效的处理方式，真实感受活动的价值。探讨不是争吵，而是谋求合作，大学生个人的体育水平增强与同伴之间的友好合作不是受到高校的压力，而是自发的一种聚合力。因此，大学生在实践活动中往往可以产生最有感触的心灵体验，这种感觉会与他们一生相伴。因而，高校体育社团的隐藏性教育特征既提高了他们的道德修养，也感染了他们的个人情感，并且这种感染又间接地影响着道德认知的内化程度。

3. 全面性特点

我国的高校体育社团涵盖了体育竞技、体育理论研究以及体育实践等多方面内容，具体的活动形式与内容也充分考虑到大学生全面发展的各个环节。虽然课堂教学在理论方面的要求更为缜密与严格，但是硬性的课程内容也会令师生的思维受到束缚，大学生在学习时的潜力也难以得到开发。所以，体育社团以其自身的开放属性与多样属性成为体育教学的特殊优势。高校体育社团不只是单纯地向大学生进行体育教学，而是利用其宽泛新颖的多学科范围来指引大学生深化认识的程度，从而使大学生在迈出校门后拥有社会生存的能力。调查研究显示，许多大学生都参加过体育社团，这就可以得出无论是从选取受教育方式方面，还是选取内容的趣味方面，高校体育社团都可以富有成效地稳固与深化体育教学内容，科学地指引大学生对课外体育教学内容进行探索，以此弥补课堂教学内容的不足。

4. 针对性特点

很长一段时间，我国体育教学存在着针对性不强的现象，究其原因就是传统教学方式存在不足。强加给大学生理论和实践的传统体育教学方式，其内容完全不可能在实际生活中得到印证，这就造成了大学生的认知水平与具体行为相分离的尴尬局面。但是反观高校体育社团，其认知程度、道德思想以及具体的道德行为都会在社团活动中实现协调与统一，从而达成"知"与"行"的统一，最终使其能够在之后的情境中作出具有实效性的思考与行为。因此，作为一个新时期合格的体育教育工作者，务必不能单纯地对大学生灌输体育理论，要经常鼓励他们去参加课外实践，只有经常与别人进行沟通合作，才能在本质上体会什么才是准确无误的思想。另外，高校体育社团主要是根据一定的主题来进行活动的，因此每次主题活动都具有针对性，它既可以增强体育教育给予大学生的正面功效，还可深入推进大学生认知水平与具体行为的融合进度，而不仅仅是单纯地接受体育思想，同时，这也间接地拓展了体育教学方式的空间，从而更好地强化体育教学的针对性。

第二节　高校体育社团功能实证研究

一、高校体育社团的实证调研

笔者进行问卷调查的具体对象为五所综合性高校的学生，共发放调查问卷 700 份，有效回收 680 份，回收率为 96.7%。调查对象以性别与专业划分，男生为 57%，女生为 43%，文科生为 54%，理科生为 46%。本调查问卷主要从三个方面来调查，具体内容为"参加体育社团概况""对体育社团的认知""体育社团现状"，试图以科学的态度在数据中找出限制高校体育社团功能发挥的具体问题，并联系大学生对这些问题的想法与观点，从而为高校体育社团功能的有效发挥给予实质性帮助。

（一）参加体育社团的概况

在本次调查中，所有问题都是基本现阶段大学生参加体育社团的实际情况来开展调研的。调查报告显示，大学生在面对参加体育社团的原因这个问题时，有两个选项被选择最多，分别是"展示个人能力，锻炼身体"与"提高人际交往能力"，比例分别为 34% 与 37%。而被最少选择的选项是"哪里人多去哪里"，比例为 17%。从这里可以看出，大学生参加体育社团的原因并非只是单纯地充实课外生活与追求个人爱好，而最主要的是为了培养自身的综合能力与实现价值，这完全与学生社团促使大学生"知"与"行"的统一以及强化体育教学实效性的作用相符合。

目前，素质教育不断深入发展，各大高校的体育社团如雨后春笋般在高校发展壮大，种类多种多样，这就使大学生有了更多的选择可能。在本次调研中，特别对大学生参加体育社团的数量与种类进行了调查分析，其中，选择参加体育社团的数量是最高的，比例为 49%，没有加入任何体育社团的比例为 7%，参加体育社团的比例为 73%。这些充分反映出现阶段体育社团在高校的普及程度越来越高，影响程度也越来越广泛。而在参加体育社团的种类方面，选择最高的为"体育实践"，比例为 66%，排第二的是"体育竞技"，比例为 52%，从这两个比例我们可以看到当代大学生在体育实践的追求方面觉悟逐渐增强，参加体育社团的种类也不再限定在以往的个人兴趣为核心的"体育竞技"类社团。这也间接体现出大学生在选择体育社团时，充分将其与现实社会紧密联系在一起的理想追求，也直观地表现了社团思想与社会思想的有机统一。需要强调的是，选择"体育理论研究"类社团的数量是最少的，比例为 22%。这反映出当前许多大学生对体育理论并不是非常关心，仍需要体育理论研究类社团不断提高大学生的关注度。另外，体育教育工作者对于此种状况也要不断改变自己的工作方法，使理论类学习更具生动性与活跃性。

高校体育社团活动，最主要的任务就是承载高校体育教学，使体育教学功能具有实效性。因此，参加高校体育社团是进行体育教学工作的出发点。但是，在数据调研中我们发现，经常参加体育社团活动只占到 18%，有空就去参加学生社团却占到了 60%，从不参加任何体育社团活动的学生比例占到了 22%。在调查中我们了解到，有 44% 的学生认为"体育社团活动不多样，提不起兴致参与"，有 32% 的学生觉得"学习繁重，没有工夫去参加社团"，而 17% 的学生则认为"社团宣传力度不强，与自己的安排有所冲突"，最后还有 7% 的学生认为"社团活动对自己并无益处"。从调研结果我们发现，大学生参加体育社团不积极，主要原因是体育社团的活动内容本身吸引力不强，以及大学生闲暇时间不充足，这应当引起体育社团管理部门的重视，学校体管部门要对社团活动进行积极引导，不断增强对社团负责人的素质培养，科学制定活动时间与活动内容。另外，编者在调研中还发现一个重要问题，一些本身具有良好活动内容的体育社团往往由于缺少时间，通常选择在期末进行活动，而此时正是期末考试的紧要阶段，这就降低了大学生参加体育社团的可能性。

（二）对体育社团的认知

为了充分了解大学生对高校体育社团的认知水平，因此在调研中对体育社团的教育功能、活动评价、对外发展三大要素展开了具体分析。

首先，教育功能能否有效对大学生起到显著作用，不仅是检验社团体育教育实效性的主要依据，也是完善体育教育事业的首要指标。从调查报告了解到，尽管体育社团的教育功能在整体上发挥良好效果，但是其作用进一步削弱的趋势依然严峻。其一，体育社团的教育功能并未起到实质作用，对大学生的教育只是发挥了"皮毛"。从调查报告可以看到，认为"教育效果不大"的学生数量远远大于认为"教育效果良好"与"教育效果非常好"的学生总数，尤其是在自教自律方面选择"教育效果不大"的比例占到了54%，而教育承载上选择"教育效果不大"占到了51%。其二，体育社团教育不同的功能间产生的具体作用不平衡。从调查报告可以看到，选择"凝聚鼓舞功能"的比例最高，而6%的学生认为"没有任何效果"，尽管这充分反映了现阶段大学生从社团中获得的最大收获就是团结主义，但是，选择"自教自律功能不大"的学生数量远远超过选择"凝聚鼓舞功能"的学生数量，这反映出大学生并没有把在活动中汲取到的各种积极健康的价值观念和道德意识同个人的思想与行动充分融合在一起。社团活动的各个教育功能是一个紧密联系的有机统一体，任何一部分被削弱就可能对教育功能的整体发挥造成破坏，从而使教育的实效性大打折扣。

其次，大学生作为学生社团的主体，他们对社团的长远发展与具体情况是最有话语权的。只有真正秉持"以学生为主体"的原则，一切工作从大学生的现实需求与实际问题出发，才能制定出科学合理的教育计划。在调研中我们看到，大学生认为影响社团活动开展的主要因素来自两方面，其一是"参与程度低"，选择此选项的学生比例为37%，其二是"形式太强，缺乏特点"，选择此选项的学生比例为31%。这些主要是因为时间的不充足与规划性不强，缺乏吸引力而导致活动的实际意义与学生社团的教育承载功能遭受削弱。在具体的方案中，我们不仅要及时解决活动中的实际困难，也要充分听取大学生的意见。另外，一些大学生认为体育社团发展的最大阻力是"体育社团没有核心思想，缺乏管理制度"，选择此选项的学生比例占到36%，还有一些大学生认为社团发展的关键所在是要"优化活动内容"，选择此选项的学生比例占到52%。综合这些数据我们可以看到，只有使高校体育社团活动的内容、作用与成员的凝聚以及社团思想得到充分结合，指引其向高质量、正规性以及发展性的方向迈进，才能得到更长远地发展。

最后，大学生的校园生活经常被各种文学作品与影视作品刻画成"象牙塔"，但是大学生若想实现真正的整体发展，以适应当今生活节奏日益加快的社会，仍离不开丰富的社会实践。而高校体育社团作为大学生开展实践教育的有效途径，他们在进入社会前能够利用这个渠道与社会进行交流，以增进大学生对社会了解。

（三）体育社团的现状

高校体育社团作为大学生进行自我教育的重要场所，在高等院校人才建设方面发挥了重要的作用，如果在管理方面出现疏漏，就会降低社团教育的实际意义，也在一定程度上对学生社团管理循环造成负面影响。在对高校体育社团现状的调查中我们发现，大学生对社团整体与内部制度的评价中，33％的学生认为"社团活动多姿多彩"，45％的学生认为"社团活动内容不尽如人意"，由此可见现阶段虽然社团活动开展的次数较多，但质量与吸引力却亟待提高。而在大学生对所在社团内制度的评价中，43％的学生选择了"社团制度欠缺"，29％的学生则认为"社团制度无法落实"。这些数据充分反映了现如今高校体育社团的管理较为混乱，无法有效地将社团管理规范化，这就易造成社团管理的"个人独断"。体育社团作为一个以大学生为主体且自主程度较高的学生组织，始终不能脱离具体的、正确的以及现实的引导，因此，教师要在指引与辅助学生社团的发展历程中起到重要的作用。在对教师对学生社团的引导情况调查中，49％的学生选择"教师较少引导社团发展"，32％的学生选择"教师长期引导社团发展"，18％的学生认为"教师从不引导社团发展"。从这里我们可以看出，目前教师在体育社团的引导方面仍有所欠缺，教师对大学生发展的责任意识有待加强，校方也应对这种情况做好监督工作。

二、高校体育社团教育功能发挥欠佳的原因探析

（一）自主与规范

所谓自主，在这里指的是体育社团的自主性，它是高校体育社团的首要特征，虽然体育社团的自主性给予了大学生更为广阔的成长与发展空间，但仍不能掩饰体育社团管理的自主性与发展的规范性之间的矛盾冲突。究其原因，是所有具有发展空间的组织都离不开科学合理的规范制度。通过调查发现，这种自主与规范的矛盾主要表现在制度无法落实、自我管理不严格以及活动缺少方案等问题上。

首先，制度无法落实，所有高校体育社团在成立之时都会根据自身发展需要制定规范制度，但是，在随后的发展过程中就会出现落实不到位或忽视制度规定的现象，长此以往就会使规章制度变成一种形式上的制度；其次，社团干部独断，一些成员从进入社团到离开社团就不知道制度的存在，认为每个成员只要听社团干部的安排就行，随意性非常强，脱离社团制度的约束，这就充分暴露了社团干部独断管理的严峻问题。尽管"有才之人"管理社团已成为社团管理的"潜规则"，也不能否定"有才之人"能够给予大学生积极向上的价值引领，向大学生传递自我发展的正能量，但是仅仅依靠个人独断管理易造成"一言堂"的局面，不利于体育社团文化的传承与良性发展；最后，活动缺少方案，由于可能

受到上述两个问题的影响，许多社团计划方案变动性会比较大，经常出现在社团活动开始进行时才发现各项条件无法达成的情况，从而就使得活动进展不顺，学生兴趣不强的尴尬局面。无法有效落实制度、社团干部独断管理以及活动方案缺乏并出现内容虚假空洞的问题，进行社团活动时得不到大学生的有效响应，长此以往，这种恶性循环就会使自主性高的学生社团在发展过程中愈加坎坷。

（二）需求与供给

观察高校体育社团的发展需求，具体可分为两大类：即现实需求与智力需求。现实需求指的是进行社团活动时对物资、经费以及场所等的实际需求。智力需求则指的是社团成员对教师指导的智力需求。经过调查发现，这两种需求都没有得到有效地满足，需求与供给仍有较大的差距。

第一，社团存在经费紧张与场地需求难以满足问题。高校体育社团的经费来源渠道主要有三个方面，即社团管理部门、社团成员以及社会单位与组织。社团成员的会费是社团管理部门最为稳定的资金来源方式，但社团成员的会费一年缴纳一次，额度较少，甚至部分社团为了吸引成员入会还采取免费的手段。而在开展社团活动时各项费用的支出就会有所欠缺。再者，高校能为体育社团提供的场所毕竟数量有限，一些活动设施的缺乏也影响了社团活动的进行。首先，高校的社团数量多，无法为每个社团分配场所，这就造成许多社团共用一个场所的局面，并且每个社团的办公用品没有固定的存放位置，易造成混乱从而出现矛盾。其次，因为许多社团的活动形式与活动内容密切相关，那么场所就体现得更加宝贵，当出现活动安排冲突时，经常是以"小让大"的方式来解决。长此以往，容易使那些经常排不上位的社团产生自卑感与失落感，更加打击了他们参加社团活动的主动性。现阶段，资金与场所的缺乏，使高校体育社团的发展之路布满荆棘。

第二，社团成员对教师的智力需求无法得到满足。首先，传统的高校领导层对于体育社团依旧处于"管多引少"的阶段。许多人都认为，谁负责管理就应该谁负责引导，而现实情况却是尽管社团是由高校团委来管理，但是每个高校自身的属性与发展需求是不尽相同的，这就使团委根本不可能独自承担社团的管理与引导工作。并且，还有一部分体育社团自身的技能性较强，需要更高水平的指导，这就使团委的管理有心无力。这些情况应该得到高校各部门的密切关注和大力支持，从而使体育社团健康发展。其次，教师对社团的引导工作仍有所欠缺。通过调查发现，有68％的学生认为"教师较少引导社团发展"和"教师从不引导社团发展"，这也是体育社团管理随意强的首要原因。离开了教师的引导，大学生仅靠一时冲动进行社团活动，无法充分感受社团活动的真正意义，并且在缺乏教师引导的基础上开展活动，会使社团活动内容深度不够，易造成大学生社团活动的盲目化。

（三）低端与高端

在高等教育蓬勃发展的过程中，高校体育社团的发展日新月异，高校体育社团的数量也有了巨大的飞跃。出现了许多优秀体育社团，它们为高校体育社团的高端化做出了巨大贡献。然而调研发现，高校体育社团缺乏吸引力是造成大学生不愿参加社团活动的首要因素，长此以往就产生了低端内容与高端需求的深层矛盾。

首先，活动内容的低端主要体现为社团活动丧失原有意义，充斥形式主义与功利主义。形式主义通常体现在"为了活动而活动"，许多体育社团的管理方式都是采用考核淘汰制，各个社团为了免遭淘汰的命运，形式性地凑满活动数量，虚报活动内容，营造虚假的生动氛围，每学期都在进行毫无实际意义的形式活动，只看社团活动表面的繁华，却不关注活动的实际意义。同时，高校体育社团还存在着对社团专业的掌握不足、社团管理能力缺失以及物质保障欠妥等问题，从而只能举办一些小型体育竞赛，或者就把往年的社团活动内容再重复上演一遍，毫无创意。这就会使大学生产生审美疲劳，无法吸引他们参加体育社团活动。另外，功利主义表面好像一派繁荣，其实只是一瞬而逝。在开展社团活动时，大学生面对资金短缺时往往会向外界寻求帮助，这样尽管可以有效地锻炼大学生的实践能力，但也容易造成社团活动的商业性与功利性。过度的关注活动效果是否轰动，门面是否高端，使社团活动逐渐远离了德育的航线，在不知不觉间被商业赞助者"绑架"，使社团活动变成他们的商业展销会与介绍会。因此，社团活动选择社会资金支持时一定要掌控好度，高校与大学生也要对社团与个人进行有效管理与约束。

其次，大学生的需求呈现出新奇性、多样性与务实性。随着大学生对个人素质的要求不断增强，他们既否定对知识的不懂装懂，也反感传统体育教育的模式，这些新时代的大学生希望在社会的实践过程中来提升和实现个人价值，渴望在轻松愉快的氛围中使学习效果达到最大化。鉴于此，体育社团就成为他们发展兴趣与提高个人能力的有效渠道。通过调研数据可以看出，96％的学生在被问及"体育社团参与度为何不高"的问题时，有45％的学生认为"体育社团活动缺乏多样性，提不起兴致参与"。简而言之，如果体育社团活动依然保持程序化、机械化以及缺乏实际意义的内容，大学生的参与兴致会逐渐消失殆尽，体育社团的教育功能只会沦为"花瓶"般的存在。

三、影响高校体育社团教育功能发挥的不利因素

（一）多元化的体育文化思想带来的认知混乱

体育文化思想，是一种社会意识，也是社会存在的反应，多元化的体育文化思想是全球化格局的精神产物。现阶段，随着社会生活水平的不断进步，整个世界已经处于一种变革与发展并存的历史时期，并且随着全球化进程的不断加快以及现代科学技术发展的突飞猛进，各国各地区的体育文化思想都在不断进行碰撞与融合，这充分反映出体育文化思想在各国的综合国力与软实力中的地位越来越高。多元体育文化思想的涌入，一方面，开拓了大学生的视野，使其在社团活动中有着更多、更丰富的选择，从而使社团活动呈现多样

化与时代化的特征。另一方面，容易使一些本身辨别意识较差的大学生的思想意识更为复杂与激进，使一部分社团在开展活动时迷失方向，片面地强调活动的吸引力，逐渐远离社会核心价值观，这就为教育工作带来了严峻的挑战。因此高校在包容多样性的体育文化思想的同时，也要弘扬和高举社会主义核心价值体系的思想观念。鉴于此，这就需要我们逐步完善高校体育教育。在进行社团活动时，高校体育教育工作者既要正确引导大学生了解多样性的体育文化思想，不断拓展大学生的体育文化见识，也要对多样性的体育文化思想"去糟取精"，严格去除腐朽堕落的体育文化思想，以社会主义核心价值观来指引多样性的体育文化思想，从而确保大学生的身心健康成长。

（二）忽视体育社团的作用

高等教育在本质上是以培育大学生的分析能力、独立思考能力以及解决现实问题的能力为主要任务的。但是，一所合格的现代大学并不仅仅只是培养大学生的思考能力与处事能力，最重要的是为大学生建立起积极健康的价值观念。可是在现实中，高校长期对体育社团的教育功能作用重视程度不是很高，在各项资源的扶持方面也差强人意。在教育工作者的传统思维中，体育社团所拥有的教育功能作用永远处于"次等"地位，而其他专业课的教育功能作用才是"主流"，这就可以看出高校对体育社团教育功能的忽视。另外，尽管一些高校试图以建立高校社团联合会的方式来改变这种现状，但是，社团联合会却在实际情况中不可能与专业课处于平等的地位，其经费、场所以及活动指导等方面仍有所欠缺，这种发展的不平衡，直接造成了许多素质过硬的社团精英被迫放弃在社团的发展，从而使社团出现人才流失。

（三）社团思想传承不足

随着我国经济的快速发展，人们的物质生活水平与文化水平都得到了显著提高，这一过程伴随着高校体育社团的扩大化趋势。在高校社团数量增长的过程中，也出现了许多学生社团"转瞬即逝"的尴尬局面。造成这种现象的主要原因是社团思想的传承有所欠缺。

首先，学生社团的优秀管理人才的参社时间较短。调研报告表明，目前国内许多高校的主要管理人员多为大二年级的学生，这就反映出体育社团管理人员的参社时间基本是在两年之内。并且，体育社团的成员与核心队伍并没有明显的层次，许多体育社团也缺乏科学的干部培养规划，在这种规章欠缺、管理人员接任不稳定的局面下，体育社团必定会出现较大的变动。许多体育社团由于缺乏社团思想的传承意识，经常会出现谁想当负责人谁就当负责人的乱象，根本没有考虑到负责人是否具备社团管理能力。并且，许多新上任的社团负责人还未充分掌握好社团管理的理念时就大肆改革，这就很容易出现活动内容的"表面工作"，长此以往就无法避免社团的衰败。其次，大学生价值观念的不稳定。由于大学生尚处于价值观念塑型期，他们非常渴求得到认可，这就使一些大学生的参社目的只是为了得到教师的欣赏与表现自己。因此，许多学生社团的负责人一上任，就以自己的理念主张对社团进行改革，基本不考虑客观因素，只为打破上任负责人的思想主张，长此以往，社团思想的传承只能是空谈。

第三节　高校体育社团的教育功能构建

积极探索高校体育社团教育功能的构建方式，不仅可为大学生教育工作的开展增加活动内容，也可为其提供源源不竭的动力。高校体育社团教育功能的构建要从三个方面来进行，第一，要对教学理论系统进行丰富和完善，使高校体育社团教育功能的发挥有着完备的理论指导。第二，要对教学载体的管理模式进行创新，使高校体育社团教育功能的效果进一步得到强化。第三，要对教学载体不断深化改革，使高校体育社团教育功能发挥实效性。

一、高校体育社团教育功能的发展方向

（一）以社会主义为指引

目前，体育文化与多元价值观不断交流与碰撞，大学生在建立体育社团时的选择范围也越来越大，尤其是一些社团为了所谓的活动效果而不惜违背社会主义核心价值观，从而使社团发展方向逐渐偏离社会主义方向。因此，不能以社团活动复杂多样作为偏离社会主义方向的理由。社团活动越复杂多样，就越离不开社会主义核心价值体系的指引，高校要通过中国特色社会主义思想来引导大学生的思想。高校体育教育工作者要时刻秉持一种科学合理、积极向上的教育理念来教育大学生，要时刻秉持一种高尚的道德情感来塑造大学生，要时刻坚持以社会主义思想与社会主义核心价值体系来指引大学生与学生社团的前进方向，使大学生建立积极健康的价值观念。在具体的体育活动中潜移默化地使大学生坚定共产主义信念。唯有坚持学生社团的社会主义总体方向，才能在新时代的发展潮流中培养出真正意义上的未来社会主义事业建设者。

（二）以全面发展为任务

伟大的社会主义先行者马克思认为，社会主义社会在本质上是以人的全面发展为基本目标的，这不仅是社会主义社会的本质要求，也是社会主义教育事业的基本任务。所以，在新时期，促进大学生的全面发展，培养出道德高尚、意志坚定、文化水平高，且能够肩负起中国特色社会主义建设重任的新时代人才，也是我国高等院校体育教学工作的基本任务。高校体育社团多姿多彩的体育活动无时无刻不在吸引着大学生，同时也对大学生的成长不断进行鼓励，这是大学生获得全面发展的重要平台。高校在进行体育教学时，要不断对体育思想进行创新，不可把专业课的教学方法硬性用于体育社团；在发挥学校和教师引导功能的同时，也要密切联系学生实际，时刻秉持全面发展的教育理念。另外，高校对体育社团的活动主题不能放任不管，但也不能事事干涉，要以一种引导与扶持并存的理念对其进行管理。言而总之，就是在整体角度引导社团进行多姿多彩的活动，使大学生获得全

面发展；从局部角度仔细审视活动内容，把握社团活动方向，使大学生在积极健康的体育社团活动中得到全面发展。

（三）以多样性为特点

我国高校体育社团以促进大学生的全面发展为核心，以发展大学生不同的兴趣爱好为建社目的，把志同道合的大学生组织在一起实现共同的理想，使大学生在实际活动中强化自身能力，提升自身素质。因此，高校要公平对待体育社团的发展，使每个社团都能获得公平充分的发展机会，对那些学生参与度高的体育社团要给予科学指导，从而使社团的教育功能得到超常发挥。而对那些学生参与度不高的体育社团要帮助其进行原因分析和研究，并以此制定出科学合理的发展规划。唯此才能体现出高校主张的全面自由以及多样性的教育理念。另外，高校也要充分挖掘不同体育社团的优势与特色，不断提高高校体育社团活动的品位。

二、高校体育社团管理模式的创新

（一）强化管理力度

新形势下，对体育社团的管理，要注意把工作重点放于社团负责人的管理上，唯有将"舵"管理到位，才可使得体育社团这艘"大船"在波涛汹涌的航行中更加平稳。社团的负责人是一个社团发展的领头雁，特别是以负责人为代表的一批素质过硬、能力出色的社团管理队伍，更是体育社团教育事业发展的必要基础。在传统的学生干部换届选举时，因为社团的数量往往大于学生会，而管理教师的精力与时间都是有限的，这就必然出现对社团的重视程度远远不及学生会的尴尬局面，同时也进一步增加了换届选举的随意性。鉴于此，高校要着重加大对体育社团的管理力度，不断创新管理模式。

首先，社团的换届要改变以往的管理不足的状况。根据社团管理人员变动大，流动性强的特征，把社团管理队伍建设当作主要任务来开展，充分做好引导与扶助工作，加大对体育社团管理人员以及管理队伍的培训，使他们既能够在社团管理中快速适应工作，又可以强化其创新意识。另外，根据社团种类的不同，高校要根据不同社团的属性对其进行针对性、高层次的管理培训。其次，加强社团对社团资料的管理力度。一个社团的档案资料，记录了其从创始到现在的发展历程，是评估一个社团实力和发展潜力的重要凭据。尤其是一些优秀社团的资料档案，其活动方案与内容更能对下任负责人与其他社团起到良好的借鉴作用。

（二）完善教师管理

一个优秀且富有特色的体育社团活动内容，除了依靠自身的活动策划与方案以外，也与指导教师的作用息息相关。一个合格的指导教师，既可以积极地预防社团负面风气的滋生，也能够极大促进社团教育的实效性发挥。

首先，明确指导教师的具体工作量。现阶段，许多高校体育社团的指导教师基本以一种义务性质的使命感指导社团的发展。这种使命感在短期可能会有一定成效，但却不可持续。所以，应该对教师指导社团的时间与成效采用核算课时的方式，对表现突出的教师给予奖励，以此充分调动教师的工作积极性。其次，完善教师的评价与考核机制。严惩指导教师"挂空名"的现象，高校要定期对指导教师进行审核，对其社团指导时间与成效进行评估，对那些不重视社团指导工作的教师要适当进行惩罚，对那些社团指导工作表现突出的教师要给予奖励。最后，返聘退休教师对社团进行指导。与青年指导教师相比，退休教师拥有更为丰富的经验，可以从整体角度对体育社团进行的有效教育引导。高校应适度地返聘一些优秀退休教师作为高校体育社团的指导教师并对其权利与义务加以明确。高校体育社团有了指导教师的专业指导，社团的实践活动方向才能不出偏差，从而避免出现各种负面现象。

（三）凸显精品社团的作用

在当今中国高等教育界，高校体育社团的教育功能已逐渐发展为教育工作的一个重要里程碑。高校体育社团教育功能发挥的主要特征就是通过大学生来促进大学生的体育社团活动，以此降低大学生对体育工作的误解与排斥。所以，高校在进行社团管理创新时，务必要对精品社团引起重视，切实发挥好精品社团的标志性功能，通过精品体育社团来推动普通体育社团的管理发展，从而强化对体育社团的创新管理。首先，对普通体育社团进行稳固，在这个起点上建立一部分精品体育社团。通过精品体育社团来促进普通体育社团的发展，使普通体育社团在管理方面有所借鉴，在对比中找到符合自己健康发展的管理理念。其次，积极汲取国内外先进体育社团的管理经验。高校要加大对各体育社团与国内外先进体育社团交流的指引力度，可定期举办有关国内外高校学生体育社团的对话峰会，使各个高校的优秀管理经验能够达到资源共享，从而使高校体育社团能够健康发展。再次，高校可对精品体育社团的各项资源进行有针对性的整合，并按时举办经验交流会，从而使体育社团的先进思想与理念能够得以长久传承下去。

三、高校体育社团教育功能实效性的强化

（一）由学生办理体育社团

在高等院校中，体育社团作为大学生进行自我管理的最宜载体，务必要充分认同大学生在体育社团管理中的主体地位，唯有在这个基础上，高校体育社团才可得到良性发展。因此在创新社团管理方式上，务必要时刻秉持"体育社团由学生办理"的理念，这就需要高校在引导体育社团教育功能的发挥时，所有工作要以大学生的现实需求为出发点，以大学生的全面发展为基本目标，尽可能地满足大学生的利益需要。同时，还要对高校体育社团进行积极指引，使其迈向正确的轨道，在具体的指引过程中，要将体育社团当作完成教学目的的有力工具，并对其进行鼓励。另外，进行高校体育社团活动时，一定要紧密联系生活，将大学生的现实诉求当作社团活动的首要依据，将大学生的认可与接受当作社团活

动的主要目标，将社团活动的教育功能发挥当作基本目的，充分做到真正意义上的将学生放在首位，处处关心学生。

（二）人文校园环境的构建

大学生的道德品质不是先天就形成的，而是在后天的社会实践以及主体与客体的思想运动中逐渐形成与发展的，这是大学生道德品质诞生与发展的本质规律。从这里我们可以看出，大学生道德品质的发展阶段，其实就是在教育与外部环境的作用下，大学生的思想道德、品质意志以及情感认知等内容相互作用与发展的过程。若想使社团的教育功能得到最大限度的发挥，就需要我们营造出一个和谐的人文体学教育环境。高校体育社团从成立到发展成熟，时常受到教学环境的影响，特别是受到制度与文化的作用效果更为显著。鉴于此，在强化社团教育功能的实效性过程中，首先就需要营造出一个富有人文精神的和谐教学环境，使教学环境的各个方面能够互相融合与统一，这样，才可使高校体育社团在积极健康的教学环境中得到良性发展。在真正意义上实现高校以自身多姿多彩的社团活动来吸引大学生的注意力。言而总之，在发挥高校体育社团的德育功能之前，首先要做的就是创造一个具有持续性与人文精神的校园环境。

（三）现代传媒的有效辅助

随着信息技术的飞速发展，新世纪的大学生已经开始被喻为"互联网新人类"，正是因为以互联网为代表的新传媒不断发展成熟，大学生的思想、学习以及生活等方方面面都在无时无刻受到现代传媒的影响。现代传媒技术的便捷与内容的丰富，在一定程度上极大激发了大学生的探索欲与求知欲。因此，若想使体育社团的教育功能得到有效发挥，就需要我们不断更新现代传媒载体，紧随现代传媒时代的发展潮流，充分掌控好现代传媒技术的两面性，营造出一个积极健康的现代传媒教育环境。鉴于此，这就需要体育社团在校团委的引导下，通过各种现代传媒渠道，对自己的社团理念与社团内容进行大力宣传，尽可能地扩充自己的宣传范围，节约成本，借鉴并改善传统宣传方法，以此提高体育社团的影响力。言而总之，以互联网为代表的现代传媒使传统的体育社团教育形式正在迈进现代化与科技化的发展轨道，社会主义核心价值观的正面作用和大学生的感召性也以前所未有的态势不断扩大。对此，我们需要站在科学与发展的视角重新审视现代传媒这个教育新媒介，时刻坚守教育功能的社会主义方向，不断创新与强化体育社团的管理模式和实效性，为高等院校的体育教学事业发展作出具有时代性的参考，从而开拓出一条全新的体育教育之路。

第四章 高校体育教学模式的构建

第一节 体育教学模式与科学、人文、健康教育
相融合的教学模式构建

一、确立"与科学、人文、健康教育相融合的高校体育教学新模式"的教育理念

从体育教学改革的不断深入，到现今普通高校体育教学的日益成熟，体育教学模式通过不断的创新与提出，一直关注着体育教学的改革与发展，并以其特殊的教育手段与教育方式，达到特殊的教育目的，在不断的发展、变化和改革进程中，体育教学模式在承载了传统的科学，技术、技能教育的基础上，正吸纳着现代体育教学的人文思想和教育理念。而置身于普通高等院校的体育教学模式更应确立有其自身特色的继承传统、顺应时代发展潮流的现代学科教育理念。

（一）体现科学、人文、健康教育思想的内涵

随着体育教学改革的深入，体育教学模式的创新还将继续，由体育教学模式的概念来看，体育教学模式的创新与构建应遵循以下几个原则。

（1）必须具备体育教学模式的四个基本条件：明确的教学指导思想、单元教学计划、操作程序、与之配套的体育教学方法。

（2）在理念体系上要相当成熟。

（3）应遵循体育教学模式的分类规律。

（4）在体育教学中应有相当的实践基础，并收到了较明显的效果。但并不是说体育教学模式的发展就受到了限制，反而从近年的体育教学改革情况来看，体育教学模式的创新呈良好的态势发展。

在体育教学模式中，人文教育的方面主要体现在重视开发学生的认知能力，如"探索式教学模式"或"发现式学习模式"或"启发式教学模式"。在这些模式中，教师设置了挑战性的问题情境，使教学内容富有新奇、趣味等特征，以激发学生求知的内驱力。教师往往不是直接给出答案，而是让学生进行自我探究，深入知识、技术、技能的形成过程

中，以此来培养和发展学生在体育活动中特有的智能，并提高学生在学习中的兴趣和效率。重视学生情感的投入，比如"快乐式体育教学模式"就注意到了学生在体育活动中的情绪体验，并激发出学生学习积极性、主动性，以保证学生以最佳的情感投入学习和活动状态中；再如"成功体育教学模式"，重视将教学过程的过程评价与单元教学结束时的单元评价相结合，要求人人在"相对的标准"中掌握各自的教学目标，把学习的成功带给全体学生，通过这些来改变教师权威的形象，从而注重学生的学习主体性、主动性、积极性、体验性。重视体育文化的传承，即在进行体育教学的同时，配以某一项目的历史起源、发展变化、著名体育人物以及该项目的体育规则。重视对学生进行体育道德的培养，通过现代的多媒体体育教学模式，向学生展示国内、外重大的比赛，在比赛中了解运动员拼搏进取的体育精神，裁判无私公平的评判态度，了解比赛项目的规则、裁判方法以及场地的布置等方面。这些变化说明了学生的人文情怀得到了进一步关怀，情感因素已不断融入教学过程之中，为培养全面发展的人提供了精神准备。

（二）科学、技术、技能教育在体育教学模式发展中得到体现

教育是为培养人而服务的，但是教育的对象或被培养的人并不是一开始就具备某种技术、技能，为使受教育者在未来社会占有一席之地，在未来社会激烈的竞争中保持健康强壮的身体和一技之长。体育教学模式从一开始就体现了对学生进行科学、技术、技能的教育。在体育教学中传授科学的锻炼方法，正确的动作技术，用各种教学方法使学生掌握一定项目的技能。如"传统运动技能教学模式"就是要通过运动技术的学习，达到掌握运动技能的目的。在这种教学模式过程中，教师通过向学生传授动作技术的特征及其规律，充分发挥学生的机能，合理有效地完成动作，并通过分段学习和细化学习，使学生初步学习运动技能，并使学生对运动技能的掌握达到自动化的程度。再如"领会式体育教学模式"是指在尝试中了解与明白学习运动技术的重要性，教师在进行完整示范后再分解教学，在掌握各分解动作的基础上再进行完整教学，或以开展竞赛的形式进行教学，最终目的就是使学生能够掌握技术、技能。

由于时代不同，体育教学模式也在不断创新与变革，而体育教学模式下的教育理念也随着时代的发展而不断变化。现代体育强调以人为本的科学发展观，同时随着"健康第一"学校体育思想的深入贯彻落实，普通高等院校体育教学模式的教育理念也必将与人文教育、科学教育、健康教育融为一体。

（三）确立高校体育教学新模式的教育理念

从早期的体育教学改革到 21 世纪体育教学模式不断创新的今天，我们不难看出，体育教学模式在不同时期都以不同的模式出现，并以特殊的表现形式来表达体育教学的教育理念与思想，并被作为一种教育程序或是一种教育方法体系运用到培养全面发展的人的过程当中。那么作为体育教学中一个重要组成部分的体育教学模式必然要分担体育教学的传

统教育理念，并与中国人文文化相融合，为培养全面发展的人服务，同时要突出体育教学的功能——教育性。

高等院校培养的毕业生将作为国家栋梁充实到社会各个岗位，对社会的发展与建设起着决定性作用。与科学、人文、健康教育相融合的体育教学新模式要本着科学，技术、技能的专项教育与人文教育、健康教育相结合的原则，有针对性地开展体育教学活动，培养具有"体育道德精神、掌握专项技术与技能、掌握科学的锻炼方法和竞赛规则、掌握体育保健与卫生知识，具有创新精神、实践能力和较强的社会适应能力、形成终身体育意识"的综合型人才，并相应地融合"运动参与、运动技能、身体健康、心理健康、社会适应"等培养目标，充分体现出"培养全面发展的人"的教育理念。

《中共中央国务院关于深化教育改革全面推进素质教育的决定》中明确要求高等教育要"普遍提高大学生的人文素养和科学素质"，这就为我国的高等教育设定了明确的培养目标，即无论什么专业都要以"普遍提高大学生的人文素养与科学素质"服务。那么作为大学教育的一个重要组成部分——体育教学，势必要完全摆脱原有的传统思想的束缚，确立"培养全面发展的人"的全新教育理念。

从目前我国普通高校体育教学改革来看，由"项目教学"向"项目教育"转变、由"技能传习"向"文化传承"转变，并突出人文教育与科学教育的融合确实符合我国高等教育发展的趋势。随着"健康第一"指导思想在学校体育教育实践中的逐步深入，与科学、人文、健康教育相融合的体育教学发展方向已成为现代普通高等院校体育教学改革的总体方向和趋势。

作为体育教学中的重要组成部分——体育教学模式及其教育理念也自然要顺应体育教学的发展方向，确立其有自身特色的教育理念：通过对高校体育教学的认识与实践，培养出具有"科学精神、人文精神、健康意识、国际视野的、综合性的、全面的、和谐的"复合型人才。

二、确立"与科学、人文、健康教育相融合的高校体育教学新模式"的体育教学指导思想

任何体育教学模式都是在一定的教学思想或理论指导下提出来的，它是建立在各种体育教学模式的理论基础之上，反映了体育教学模式的内在特征，它使每个教学模式都有自己鲜明的主题，并支配着内容、程序、方法等其他构成因素。体育教学指导思想是体育教学模式的灵魂，不同的体育教学指导思想直接决定了体育教学过程或程序的设计，而体育教学方法的选择也必然会产生不同的体育教学模式。

根据世界卫生组织对健康概念的界定，教育部《全国普通高等学校体育课程教学指导纲要》的精神，《中共中央国务院关于深化教育改革全面推进素质教育的决定》的总体要求，笔者认为新型体育教学模式的指导思想应该为：在高等院校体育教学中，通过体育文化的传承，结合人文教育、科学与技术、技能教育、健康教育有机融合的教育手段，促进学生身心素质的全面发展。

三、明确"与科学、人文、健康教育相融合的高校体育教学新模式"的教学目标

依据《全国普通高等学校体育课程教学指导纲要》中的明确规定和素质教育的总体要求，从《体育与健康》新的课程标准来看，体育教学目标主要包含了运动参与、身体健康、心理健康、运动技能与社会适应等五大领域目标。也就是说体育教学新模式的教学目标应该是能够体现现代健康教育的目标，体现传统运动技术、技能形成的目标，体现身体锻炼，有良好体质的目标，体现掌握体育文化知识、具有良好的体育道德的目标。即体育教学新模式的教学目标可分为以下几点：培养学生具有良好的体育人文精神，具有运用科学的锻炼方法和掌握运动能力，具有健康意识和卫生知识。如果在单元教学中体现的话，应该是具体问题具体分析。举个例子：在单杠项目的教学中，体育教学新模式的目标将是发展学生的身体素质，使学生掌握运动技术、技能，克服对单杠的恐惧心理，培养学生吃苦耐劳的意志品质和拼搏进取的精神。

四、"与科学、人文、健康教育相融合的高校体育教学新模式"的教学方法体系

（一）"与科学、人文、健康教育相融合的高校体育教学新模式"的教学方法体系概述

结合教育学中有关教学方法的原理，根据现代体育教学改革的特征和变化特征，并依据体育与健康课程标准目标，本研究认为可供选择的教学方法很多，主要包含了体育健康知识和运动技术理论教学方法、发展学生身体体能方法、运动技术教学方法、激励与评价运动参与方法、发展学生心理方法体系、发展学生社会适应能力方法等。我们所要构建的是"与科学、人文、健康教育相融合的高校体育教学新模式"，构建这种新模式，无非是要在最大程度上实现或者达到"运动参与、运动技能、身体健康、心理健康、社会适应"五大课程领域的目标，那么就自然要通过人文教育、科学与技术、技能教育、健康教育这三个手段来实现。这五大领域目标与体育教学模式的主导手段——人文教育，科学与技术、技能教育，健康教育之间有着密切的联系（见表4-1）。

表 4-1　体育教学模式所要表达的五大领域目标、内涵及其实现的手段

领域目标	主导手段	发展目标内涵	基本目标内涵
运动参与	积极参与各种体育活动并基本形成自觉锻炼的习惯，基本形成终身体育的意识，能够合作制订可行的个人锻炼及指导他人锻炼的计划，并运用所学积极参与全民健身活动，具有一定的体育文化欣赏能力	形成良好的体育锻炼习惯；能独立制订适用于自身和他人需要的健身运动方法；具有良好的体育文化素养和观赏水平，并能指导他人实践	人文教育
运动技能	较熟练地掌握至少一项体育健身运动的基本方法、技能和教学能力；能科学地运用体育手段进行锻炼，提高自己的运动能力；掌握体育运动中常见的运动创伤的预防和处置方法	积极提高运动技术水平，发展自己的运动水平，在某个项目上达到较高的运动水平，并具备指导他人练习的能力和水平	科学教育与技术、技能教育
身体健康	能结合其他学科知识对体质健康状况进行监测，掌握有效提高身体素质、全面发展体能的运动知识与方法；养成良好的行为习惯，形成健康的生活方式；具有健康的体魄	能选择良好的运动环境，全面发展体能，提高自身可进行锻炼的能力，练就强健的体魄	健康教育科学教育与技术技能教育
心理健康	根据自己的能力设置体育学习目标；自觉通过体育运动改善心理状态、克服心理障碍，养成积极乐观的生活态度；运用适宜的方法调节自己的情绪；在运动中体验运动的乐趣和成功的感觉	在具有挑战性的运动条件及环境中表现出勇敢顽强的意志品质，并能通过自身实践帮助他人建立自信	健康教育
社会适应	表现出较强的人格魅力和良好的体育道德及合作精神；正确处理好个人与集体、竞争与合作的关系	形成良好的行为习惯，主动关心、积极参加、热心指导社区体育事务	人文教育、健康教育

在表 4-1 中，之所以将人文教育、科学与技术、技能教育和健康教育表述为实现体育教学目标的"主导手段或方法"，是因为每一个领域目标的实现并不是单纯地依靠某一种手段或方法就可以实现的，而是要由其他两种手段相补充，也就是说在体育教学模式运行的过程中，体育教学方法并不是单一出现的，而是多种教学方法相互叠加的体育教学方法体系。

（二）体育教学新模式的人文手段

人文教育是"运动参与"和"社会适应"目标实现的主导手段，人文教育旨在提高人的素质和精神境界，也就是"用文化的力量教化人"。当学生通过人文教育的实施具有运动参与的意识和兴趣并真正想参与其中的时候，就会主动去诉求运动技能的相关知识以达到运动参与的相对完美，这是人们求好心理使然；而当学生想主动参与运动、并主动学习运动技能的时候，其身体健康的目标也就实现了；当学生懂得主动参与、学习运动技能，逐渐接近身体健康的目标时，其成就感就会日趋增强，心理健康的程度也就会日渐上升，与心理健康目标的差距亦会逐渐缩小；同时，人文教育手段还可以实现对学生进行和谐人际关系的教育，在运动参与时学生之间互帮互助、团结协作，也会直接促进运动技能、身体健康和心理健康的发展。

（三）体育教学新模式的科学与技术、技能手段

"科学与技术、技能教育"是"运动技能"和"身体健康"目标的主导实现手段，当"科学教育与技术、技能教育"发挥其应有的作用，使学生掌握了相应的专项知识和技能时，学生就自然会以所学专长作为运动参与的内容；当学生具有运动专长、积极主动参与其中，并能运用所掌握的科学知识与技术、技能，监测体质的健康状况、合理选取有效的体育健康手段时，也自然会促进其身体健康和心理健康；当学生能够达到运动参与、运动技能、身体健康和心理健康时，同学向其讨教练习技能时他就会言之有物，将自己的学习心得和体会拿出来与同学交流，这也自然就在增进人际交往的同时向社会适应的目标迈进了。

（四）体育教学新模式的健康手段

健康教育是"身体健康""心理健康"和"社会适应"三个领域目标的主导实现手段，通过教学过程向学生明确健康的真正内涵和标准（身体健康、心理健康和社会适应良好），就会使学生了解什么是真正的健康，就会使学生能够积极、主动地去参与运动、去学习运动技能、从而促进身体健康。而有关"社会适应"目标中体育道德的问题，正是道德健康的范畴，同时需要人文教育作为主导手段来实施。

由此，也再一次证明了"人文教育手段""科学教育与技术、技能教育手段"和"健康教育手段"是相融合的，只有三者共同发挥作用，才能达到"通过传承体育文化，培养全面发展的人——具有人文精神、科学精神、健康意识的复合型体育教育人才"的体育教育理念，这也正符合身心健康协调发展的教育观。"人文教育手段""科学教育与技术、技能教育手段"和"健康教育手段"直接或间接地对五大领域目标都起作用，而五大领域的实现正是培养一个完整的人——全面发展的人才的必要条件。

五、设计合理的体育教学新模式的操作程序

在体育教学中，特别强调以学生为主体，要求教师站在学生的立场上去把握运动的特性，根据对运动特性的把握，去组织体育的教材，去考虑教学方法，尽量满足学生的需求，最终使学生自发、自主、快乐地学习。学生则根据教师提出的学习内容和自己的能力建立与自己相适应的学习目标。通过练习、游戏或比赛，享受运动的乐趣，发展运动

能力。

从体育教学模式的概念出发，结合与科学、人文、健康教育相融合的普通高校体育教学模式的教学目标，教育理论及其指导思想，本书将体育教学新模式的操作程序设计如下。

（1）课前准备。这里的准备包括教师对课的熟悉、深入理解过程，教师根据单元目标设计的问题，教师将要完成单元目标所需设置的各种教学情境。在课前准备阶段教师要充分考虑到学生的各方面因素，因材施教。应保证所提出的问题能引起学生的兴趣，形成学习动机，并在实践中能够得到检验，所设计的场景必须紧密结合具体技术或项目的关键环节。

（2）学生初步练习。在设置情境中，让学生自由发挥自己的想象力，运用不同的练习手段来完成运动动作，教师在此过程中对学生进行简单的技术、技能指导和保护。

（3）创新性发挥，进一步练习。通过初步练习，讨论在初步练习中各种手段、方法的效果，由学生自己互相总结、评论，根据学生练习的情况和健康要求，创新性地提出效果最佳的一种或几种手段、方法，并在教师科学的练习指导下，进行技术、技能的练习。

（4）进行正常的运动技术教学，在教学过程中充分体现人文关怀、健康意识的传授、科学技术、技能指导。

（5）分几个课时完成单元教学。

（6）结束单元教学，总结本单元目标完成的情况，评价学生的学习效果。

六、建立体育教学新模式的评价体系

体育教学效果评价是对体育教学模式在实践中运作质量的检验。理论是否成功，必然要受到实践的检验，因而配备体育教学效果评定机制是必要的。如在实践中有好的效果，我们认为此种教学模式是可取的，如果在实践中是失败的，我们就必须认真地进行反思、总结，并进行必要的反馈，检查所选择的教学程序和体育教学方法体系是否合理、正确，最后对体育教学模式重新认识和修订。体育教学模式的评价是一项重要内容，也是一项难度很大的内容，它是依目标对教学活动过程及效果进行价值判断，以提供信息改进教学过程，进一步优化教学过程，并对被评价对象和模式作出某种证明。对体育教学模式的评价并不是孤立存在的，它与体育课程的实施（主要指体育教学活动）紧密相连，甚至可以说它是与课程实施融为一体的，即教学中有评价，评价中有教学。在普通高校体育教学中，体育教学模式评价的结果可以反映出在此种模式下学生的学习效果，进而可以促进学生全面提升学习质量，并可充分将"评价育人"的指导思想深入评价之中。

（一）体育教学新模式学习评价的内容

表 4-2　体育教学新模式学习评价的主要内容

评定内容		内涵说明
一级指标	二级指标	
参与程度	学习态度	主动、自觉参加体育学习
	学习热情	热情高并全身心投入；能主动接受教师及同学指导
	求知欲望	主动思考、善于发问，有怀疑精神并能主动探求
	主动运用	积极主动运用所学指导他人或投入全民健身活动
技能掌握	理论技能	体育理论内容的掌握和表达能力
	实践技能	体育理论技能的掌握达到教学目标程度
	教学技能	体育教学指导能力；帮助能力；创编能力；（健美操组合等）；训练能力；针对不同个体制定健身计划能力；或指导他人健身能力
	"进步度"	学生对技能掌握的程度，在技能学习的初步阶段与结束时的比较
身体健康	健康意识	能主动对体质健康状况进行检测，养成健康的生活方式和良好的行为习惯
心理健康	意志品质	体育运动学习中表现顽强、勇敢，能主动克服胆怯、自卑心理，善于挑战自我、战胜自我
	心理调控	善于通过项目练习调控情绪，正确对待成败，能经受挫折考验
社会适应	协调人际	人际关系和谐，善于沟通
	团队意识	有团队意识和协作精神，能互帮互助，共同进步
	和谐共生	能正确对待合作与竞争的关系
人文素养	推己及人	尊重他人、宽容体谅、严于律己、乐于助人
	体育修养	具有较为深厚的体育文化修养

（二）体育教学新模式学习评价的方式

根据评价的主体不同，可以将体育教学新模式的学习评价划分为自我评价和他人评价，而他人评价又可划分为同学评价和教师评价。学生自评、同学互评、教师评定三个方面是有机结合的一个整体，它们的最终目的是达到在"评价育人"的同时促进学生对教学目标的完成，并将评价结果等相关信息及时反馈给教师以对教学模式进行修正和完善，最终将对"培养完整的人"的教育理念的深入贯彻落实起到积极的促进作用。

1. 学生自评

学生的自我评价是指学生自己参照评价指标体系对自己的活动状况或发展状况进行自我鉴定。究其实质，学生的自评就是学生自我认识、自我分析和自我提高的过程。学生自评建立在对学生充分信任的基础上，能激发学生的自尊心、自信心，使之主动接受评价。让学生自评成为学生主动学习的一部分，可以激发学生的学习热情，促进运动技能和心理健康水平的提高。同时，学生自评也是充分体现学生主体地位的重要方式，充分体现了以人为本的体育教学指导思想。

学生自评的主要内容应参照学习评价内容进行。学生自评的主要方法包括自我口头评价、自我书面评价（如总结）、自我反省、自我暗示等。在教学及评价实践中，教师可以指导学生自己设计出自我评价量表，以便学生参照执行和进行自我提高。

2. 同学互评

同学互评即同学之间的相互评价。通过同学互评，同学之间可以互相帮助、共同提高，既可以协调人际关系、增进同学交往，也可以培养和提高学生对事物的洞察力和正确评价他人的能力。

同学互评的内容同样应该按照表 4-2 中的学习评价的主要内容。其评价的主要方法包括课内外互评、互议，在学习同伴优点、指出同伴不足的同时，讨论改进措施，以便共同进步等。在教学及评价实践中，教师可以指导和帮助学生自行设计出互评量表，以便学生相互参照、互相学习、互相帮助，及时提出改进措施、共同提高。

3. 教师评价

教师对学生学习评价的方法主要包括四个方面，即结果评价（终结性评价）、过程评价（形成性评价）、诊断性评价和个体内差异评价。

诊断性评价又称准备性评价，是在教育活动开始之前或教育活动进行之中对学生的学习准备情况或特殊困难进行的评价，是对教学活动的准备。它主要是对教育背景、存在的问题及其原因做出诊断，以便"对症下药"，并据此进行教育设计。个体内差异评价是一种以评价对象自身状况为基准，对评价对象进行价值判断的评价方法。个体内差异评价法强调从评价对象的实际出发，判断、鉴定其发展状况和进步状况，这种评价充分体现了尊重个性的教育原则。

对教师而言，有关学生学习的评价应是全面的、客观的、辩证的评价，除了包括学习评价内容等固定的量化评价之外，还要更为注重学生个体的纵向对比，要及时发现学生的思想动态及行为表现的差异及反常现象，之后了解其产生的原因，并因势利导，鼓励学生发挥优势、弥补不足。主要采用与学生谈心、交朋友等能够接近师生关系的做法，了解学生思想变化的心路历程、行为表现的差异及反常现象出现的原因，并共同努力找到解决的办法。教师对学生学习的评价主要的评价方法包括结果评价、过程评价、诊断评价、个体内差异评价等，主要采取的评价手段包括考试、测验、激励、暗示、布置课外作业、相对成绩评定等。

4. 学生自评、同学互评、教师评价的综合分析

在传统的以教师评价为主的评价方式中，学生的主体地位没有被充分体现出来，也很难在实践操作中达到要学生从"要我学"的被动学习转变为"我要学"的主动学习，从而很难激发学生的学习积极性和主动性。而学生自评、同学互评一方面体现了教学活动中学

生的主体地位，同时学生自身也会感受到自己的权利和地位受到尊重，从而有利于学生自尊、自信和优秀人格的培养；另一方面通过学生自评、同学互评，可以培养学生全面、正确地对自己和他人进行评价的能力、评价中的语言表达能力、主动观察能力、积极思考能力、求真务实的评价态度，以及明确情感和责任感的关系问题。在对学生的学习评价中，学生自评、同学互评和教师评价这三种不同主体在教学及评价实践中，三种评价方式要综合运用，以达到取长补短、兼容并收的功效。总之，一切要以培养全面发展、完整的人的服务为宗旨。

第二节　"双向主体能动式"教学模式的构建

一、指导思想

在主体教育理论的指导下，通过教师的科学引导启发学生的主动探索，学生能动学习自主发挥积极性和创造性，以相互交流、自我体验尝试培养体育能力，教师发挥引导、辅助、激发、鼓励的指导思想。

二、教学目的

以培养学生能动思维能力，掌握运动规律的发展为目的，发挥学生的主观能动性并积极体验尝试，增强参与体育运动的自信心，克服心理因素影响，在相互学习中提高集体意识，建立和培养社会交往能力。

三、教学方式

教学过程中"双向主体能动式"的主要因素是：教师、课程和学生，三个因素各有作用，教师作为教学的主体，学生和课程就是在作为主体的教师进行的教学活动中的客体内容；而在教学过程中学生作为主体，教师和课程就是学生学习活动的统一客体；在以教师和学生为主体的教学活动中，课程作为其中的衔接客体，起着重要的作用。教学中学生和教师的主体地位的变化，学生之间的个体、群体相互交流指导，使教学活动处于一个活动的状态中的发展。这种教学模式的主要特征是"双向性、参与性、能动性"，以教学活动中的学生与教师的双向能动交流，充分调动教学与学习双方的积极性和能动性，良好的教学环境能使课堂氛围变得活跃，从而激发学生潜意识的能量发挥、能动创意，实现教学过程中的双赢。教师作为教学活动中的组织者和设计者，应该选择适合的时候和学生进行沟通和互动，从而形成良好的师生关系。在一定的情况下，这种交往中的学生与教师两个主体之间应该形成一种互相交往的关系，教师不仅要从学生的角度看待问题，而且应感受学生的心理活动，在同等位置和角度与学生一同设计问题，寻找解答，进而分析讨论，产生不同的观点，从而对学生进行引导启发。在这样的教学环境中，学生能够充分感受到自己的主体地位和集体认同感，教师对学生成绩的正确评测以及中肯的评价，鼓励学生积极学习，能够加深学生与教师之间的关系，让学生更加愿意展现自己的真实想法，并积极主动地参与到集体教学活动中来。

在实践教学中，传统教学模式下的体育课全程都由教师作为主体，从准备活动到课堂练习直到结束，教师一直独自示范带领，学生只是被动地接受，两个主体完全没有互动，因此教学效果往往不理想。但是在采用"双主体能动式"教学模式体育课的某些环节，例如，让学生扮演教师的角色，带领同学进行课程教学。教师还可以提出各种设想，让学习的主体不再仅仅是学生，同时教学的主体也不单单只是教师，两者互为主体。学生在带领的过程中增强了沟通、教学和组织创新的多种技能，而被带领的学生和教师不仅可以学习到基础的体育知识，还可以帮助学生吸取经验，弥补不足。

让学生进行角色转换，目的让每个学生在这样的教学活动中正确规划自己，尽情地展示自我，充分认识教学过程，理解教师的工作，在学习中提升自己各方面的素质，体验自我实现的价值。同时，教师通过学生的表现，更加深入地了解学生的学习和各方面的能力，准确地对教学进行反馈，为提高教学效果奠定基础。运用角色互换的教学方式，在教学过程中充分体现出学生与教师双主体的作用。

小组合作学习：分组练习是以小组和班级相结合的教学方式。在班级授课的基础上，以分组练习运动技能的形式，充分体现整体性与个体性的辩证统一。在分组合作练习中，教师的主导性地位降低，学生的主体作用提升，分组练习为学生创造了一个自由学习的环境，同时有利于学生与教师之间进行沟通，同学之间相互合作交流，形成了一种交往模式，同时学生在集体中感受到了与人合作的成就感，建立起相互的信任，也培养了学生的社会交往能力，在教师的引导下小组成员相互帮助，更好地完成教师布置的课上教学任务。

（1）能动式教学。教学中的问题不是直接回答，而是以引导启发的形式，让学生发挥主观能动性去思考问题，同时教师可以对学生进行启发式的提问，学生也可以向教师提问，通过主体双方共同思考探索问题的本质，通过讨论学生能够积极主动地去理解，潜在的思维能力得到开发，这样有助于学生实践能力的提升，培养了学生的创新思维，在这样的教学环境中教师与学生加强了交流，教学效果也得到了很大的提升。

（2）能动交流。"双向主体能动式"的教学模式就是在整个教学过程中教师和学生以启发式的教学方式进行沟通，以教师在教学过程中设疑、提问学生的方式，与学生探讨、交流问题，不以教师的主观性来评定答案，而是以引导的形式进行交流，在交流中以平等的方式进行探讨，强调在启发的过程中使学生认识事物的本质，教师应对于学生的回答适时地给予鼓励，以提升学生思维理解能力和自我判断能力。

（3）多媒体教学。在双向主体能动教学过程中，教师可根据课程的情况适时安排在理论课上播放一些相关的专业体育运动视频资料，同时加以引导性的讲解，使学生感知体育运动的真实性，并能在练习中加以模仿。这种观摩欣赏，在一定程度上对体育教学也是一种调剂，学生的学习热情和积极性很容易被调动起来，使学生更好地完成学习任务，在视频教学课程中并非单纯地播放运动视频，而是需要教师的引导和组织，这也要求教师在备课时积极准备，首先应查阅收集相关的资料和视频，同时课上还需进行准确的讲解，让学生在看的同时能理解运动的本质，使自己掌握正确的动作要领，这样能使学生掌握更多的知识量，对发展学生思维以及提高学习动机有所帮助。

四、实践教学过程

教学主题→教师情景设计→引导能动→主体辩证转换→教师启发诱导→能动的交流评价→分组练习的测评→交流引导并掌握技能→测评的反馈。

五、教学效果的评价

在传统的体育教学模式中对学生的评价基本就是以教师的考核为主，在评价过程中是以学生掌握运动技能情况来评定优良，不以学生的主观意志为准，往往学习认真但因本身运动能力差的学生始终考试结果不理想，为了能正确地评价教学的效果，体现教学实践的真实性，"双向主体能动式"的教学模式运用不同的方式对学生进行客观的评价。教学效果评价在平时成绩的比重加大，增加了学生之间的互评、自我评价、集体评价，而传统的运动技能评价和身体素质评价降低。这样一来学生的积极性被充分调动起来，因为课堂表现高于技能的评分，以学习过程与终期考核相结合的方式进行，使学生的整体成绩建立在学习过程的基础之上。

第三节　快乐体育教学模式的解构与重建

一、快乐体育情感教学模式

快乐体育应从情感教学入手，对学生进行健全的身体教育和人格教育，重视爱的教育、美的教育与各项运动所独具的乐趣，强调学习兴趣与创造学习。情感教学是对学生进行身心培养的一种，这种从内心角度出发的方式，对教学具有一定的影响作用。情感教学模式不仅把运动和情感作为实现教学目标的手段，而且视为直接目的。在教学中，应注意体现以下几个特征。

（1）乐学性。在体育教学中渗透德育是体育教学的基本要求。快乐体育以"乐学"为支撑点，培养学生良好的心理素质。心理素质包括目的、兴趣、情感、意志等全部非智力因素。

（2）趣味性。"授之以趣"，教师乐教，学生乐学。

（3）情境性。将体育教学活动置于一定的情境之中让体育学习变得亲切、自由和愉快。

（4）激励性。教学中一方面要"激情、激趣、激志"，激发学生主动的学习精神，另一方面要"激疑、激思、激智"激发学生的心智活动，达成在快乐中求发展，在发展中求快乐的目标。

（5）实效性。近期目标是培养学生良好的学习习惯和乐学精神，提高教学质量，远期目标是面向终身体育，发展体育素质。

二、快乐体育"三部分"的教学模式

快乐体育"三部分"是指准备部分、基本部分和结束部分。

（1）准备部分。不仅仅是帮助学生在生理上做好上体育课的准备，而是将主动权交给学生，让学生自由想象、敢于发挥、勇于创新。这样既给了学生一个表现自我的舞台，锻炼了学生的组织能力，同时还向学生提出了更高的要求，促使学生继续努力，养成良好的体育习惯。

（2）基本部分。由学生自由选择项目、自由编组、自主学习与锻炼，教师所要做的就是协助学生解决在练习过程中遇到的困难和问题。在教学中，教师根据学生选取的项目以及他们的认知水平、运动能力制定出各堂课的教学目标。学生围绕教学目标可以采用多种形式的学练方法，同时通过集体智慧来解决学习过程中出现的各种问题。

（3）结束部分。不要让学生拘泥于传统的形式，只要是有益于身心放松的活动都可以采用，如游戏、欢快的集体舞、互相按摩、自我按摩、调整呼吸、意念放松或听上一段优美的音乐，想象把自己置身于优美的自然环境中。

三、快乐体育多媒体技术教学模式

体育教师的特长、喜好、年龄、身体素质影响着体育教学的开展。运用多媒体辅助教学可以极大优化教学环境，克服教师自身的条件限制，提高学生学习的兴趣，促进学生主动学习。多媒体教学在教学内容上更加丰富形象化，在视觉效果上也更具吸引力，能够更好地调动学生的学习兴趣，增加了课堂气氛。多媒体技术可以给学生提供声、光、电等各种信息，使课堂教学变得生动活泼，大大优化了教学环境与教学氛围，使师生之间的信息交流变得顺畅。例如，在讲解篮球战术理论时，可以通过播放学生喜欢的美国 NBA 比赛、国内 CBA 比赛的片段，让学生了解战术配合的形式和变化。通过慢放或反复播放，让学生看清楚战术配合中场上队员跑动的路线、采用的系列技术动作等，再加上教师的进一步讲解，达到视听结合、生动有趣、直观形象的效果。体育运动是脑力劳动与体力劳动的结合，缺一不可。学生只有在心境开朗、快乐的气氛中学习，才能达到事半功倍的效果。

第五章 体育文化综述

第一节 体育文化的概念

关于体育文化的概念，我国学者一直在不断地进行分析和讨论，当前比较有代表性的概念分析有无统一说、精神说、层次说等，下面我们将一一进行分析。

一、无统一说

无统一说是我国学者张进才在《体育文化基本概念辨析》中提到的，主要是指不同的学者对于体育文化的概念有着不同的看法。产生这种现象的主要原因在于学者们的观察角度不同，强调的侧重点也不同，如有的从身体素质的角度来进行定义，有的是从体育运动过程的角度进行定义，有的是从体育具体器物的角度进行定义，还有的学者在持续多年的观察中，随着社会发展与科学进步以及学科不断交叉分化，对体育文化的概念形成了新的见解，或者产生了新的概念。

我国学者任励标在《我国体育文化研究 30 年述评》中论述到关于体育文化的概念有十几种，不同学者需要结合体育文化中不同内容、功能等方面来界定体育文化的概念。

唐炎在《主体性与社会身份：关于体育文化认识取向的探讨》中提到，体育文化概念在现阶段还没有统一明确的界定，因此我们应该跳出社会的固定思维来对体育文化的概念进行认识，认识到体育文化就是体育在社会中的一种身份。

陈晓峰在《多维视角下体育文化的内涵、价值与建设》中提出，我们应从规划人类的世界揭露体育现象的本质和规律，并培养人们的审美情趣，从而丰富社会主义精神文明。通过这四个角度，能够对体育文化进行进一步的论述。

从上述学者们的言论中我们可以看出，当前对于体育文化没有明确的概念界定，给体育文化确定概念是十分困难的，因此目前我国尚没有对体育文化提供一个确定的、公认的概念。但是这并不能否认各位学者在探索体育文化概念这条道路上的贡献，只是这种不统一的概念研究，不利于体育文化的建设和研究。

二、精神说

精神说也是体育文化概念探索中的重要组成部分。易剑东教授在其《体育文化学》中认为，"体育文化是一种利用身体活动以改善人类身体素质、追求精神自由的实践活动"，其侧重于体育是一种实践活动，人们在满足物质需求之后，就需要通过体育运动来进行养生和保健，从而使自身的精神文化得到提升。

赵军在《国内外体育文化研究述评》中从两个方面对体育文化的概念进行了阐述：第一点是体育文化起源说，即体育是从生产劳动、部落战争、娱乐活动、自身人性中发起的；第二点是国内体育文化界阐述的身体文化、竞技文化、身体教育、行为文化、中义文化。通过对这两个概念的总结和归纳，赵军认为，"体育文化是人们在社会生活、体育活动中创造的体育和精神产品"。

任莲香在《体育文化论纲》中认为，体育文化的概念是由"体育"和"文化"两个概念决定的，只有对"体育"和"文化"这两个概念进行了认识，达成了共识，才能够使体育文化的概念得到完善。在文章中，任莲香将"体育"分成了学校体育、竞技体育和群众体育三个领域，将"文化"分成了人化说、人造说、精神说和知识说四个层次。在对"体育"和"文化"这两个概念进行整合之后，任莲香得出了体育文化的概念：在以身体的活动为基本形式、以身体的竞争为特殊手段、以身体的完善为主要目标的体育活动过程中有关人的精神生活的那些方面。

三、层次说

层次说也是体育文化概念理论中的一个比较重要的分支，对体育文化的层次进行了分别的论述。

（一）实践理论层次说

"实践理论层次说"是郝勤在《论体育与体育文化》中进行论述的，"体育是一项有目的的、有人参与的身体活动"。从实践层面上来看，体育文化比较重视操作性，如开幕式、闭幕式、颁奖、文艺演出等；从理论层面上来看，体育文化比较注重运用人文社会科学方法来研究体育的思想、观念和制度等问题。虽然该理论从实践和理论这两个层次对体育文化的概念进行了分析，但是一些赛事、教学训练等在概念中找不到对应的含义，因此依然不够完善，有需要提升的空间。

（二）物质中间精神层次说

我国有的学者指出："体育文化是人类体育运动的物质、制度、精神文化的总和。"在我国著作中也有关于"物质、中间、精神"层次下体育文化概念的论述。王振涛、刘伟等在《新形势背景下我国体育文化的创新与发展》中，将体育文化分为三个层次来理解：一是内层精神文化，指体育精神和体育认识等；二是中间层制度文化，主要指的是体育组织形式、教学训练体系；三是外层物质文化，主要指器材、设备实体等。

鲁飞在《论体育文化的内核结构及我国和谐体育文化的内涵》中，也从结构角度将体育分成了三个层次：一是内核层，指的是体育价值观、审美等；二是中间层，指的是体育制度、赛事运作等；三是外层，指的是体育馆、体育赛事等。与此同时，鲁飞还指出，内核层是体育文化的发源地，对体育的价值观和文化走向起到决定性的作用。

翁永良在《试论和谐体育文化》中，将体育文化也分为三个文化层次：一是精神文化，包括体育观念、思想等；二是行为文化，包括体育运动、规则、规范等；三是物质文化，包括器材、用具等。在他的观点中认为，体育文化只是文化的一个子系统，与各个学科都有着密切联系，体育文化的概念在不同学科中有着不同的含义。

杨文轩、冯霞在《体育文化在社会主义精神文明建设中的地位和作用》中认识到，体育文化从古至今是一直存在的，并从哲学的角度对体育文化的内容进行了分析，主要分为体育物质文化、体育精神文化和体育制度文化这三个组成部分。

冯胜刚在《对"文化"和"体育文化"定义的求索》中，也明确提出："体育文化只是文化大系统中的一个方面，通过对文化概念的界定，就能够对体育文化的概念进行界定。"在文章中，他提到文化的结构分为三个层次，即核心层、中间层、外层次：核心层主要包括价值观念、精神层次等；中间层主要是人类对自身、自然社会等方面的认识；外层次主要是指人在核心层和中间层的指导下发生的有意识的行为方式。同时，他也对体育文化的概念做出了界定："体育文化，就是人类在所有的体育现象及促进体育发展的活动中，在价值观念、精神状态、情感倾向等层面，在理论认识、方法手段、技能技术等层面表现出来的思维方式，与在有意识的实践活动中表现出来的行为方式的总和。"

这些学者分别从物质、中间、精神层面，对体育文化进行了概括，他们的很多论点都相同，不过主要在中间层的认识上有一些差异。

（三）物质实践制度精神层次说

牛亚莉在《浅议体育文化概念的内容》中，将体育文化看为一个系统，主要划分为四个层次：价值与观念（体育价值观、精神层次）、规范（体育比赛遵守的比赛规则、道德规范）、技术与体育（运动项目与体育运动的功能）和物质文化（体育场馆、服装等）。通过这四个层次来对体育文化的概念进行概括和归纳，能够使体育文化的分类更加合理，也能够使社会各界人士更深刻地对体育文化进行理解，从而有利于体育文化的推广和发展。

（四）体育文化的创新概念

随着科学的不断发展和社会的不断进步，人们对于很多问题的看法都发生了改变，对于生物学的文化定级和宇宙文化概念提出了新的看法。体育文化是文化系统的组成部分之一，也随着科学的进步与发展、各个基础学科之间的不断交叉与分化以及人类认识能力的不断提升，其概念也将发生改变。由此可见，体育文化的概念并不就是一成不变的。

因此，在不断吸取实践经验，以及通过对各位学者的研究成果进行整理和融合的基础上，可以大致将体育文化的概念进行确定。所谓体育文化，是指人通过体育活动在改造客观世界、调节自身情感、协调群体关系的过程中所表现出来的时代特征、地域风格和民族样式。从广义上来讲，体育文化是指为丰富人类生活、满足生存需求，以身体为媒介，把满足人类需求的身体活动进行加工、组织和秩序化，形成获得社会承认的、具有独立意义和价值的文化。它包括精神文化（体育观念、意识、思想、言论等）和行为文化（体育行为、技术、规范、规则等）两大部分。从狭义上来讲，体育文化是将生产于社会生活的体育作为有价值的活动加以肯定，并赋予一定的知识文化内涵，从而使体育由自然活动变成文化活动。它包括与艺术、学术、文化娱乐以及传播媒介等有关的体育活动和体育作品，如体育舞蹈、艺术体操、武术、体育摄影、体育雕塑、体育建筑、体育音乐、体育文学、体育研究、体育大众传播等。

第二节　体育文化的内涵

体育活动、体育锻炼及体育竞技，应该是伴随人类社会的形成就已经出现的，因为没有任何一个群体或者社会不重视自身的发展与强大。"体育文化"一词在最开始的时候被称为身体文化。到了 19 世纪末期，人们对体育文化有了更加广泛地解释和应用。在 20 世纪，对于体育文化的解释更具有多样性、多元性。在我国学者看来，体育文化是在增加健康、提高人们生活质量的过程中，所创造和形成的一种物质和精神财富，包括与之相适应的社会组织及规范体育活动的各种思想、制度、伦理道德、审美观念以及各种改革举措及相应的成果。在对体育文化的内涵进行探索的过程中，有人认为，体育文化主要包括体育观、体育价值观、体育行为准则、体育道德等，这些社会意识形态能够对体育方式、民族风俗等进行反映。还有人认为，体育文化主要包括了体育科学和体育的价值、观念、意识、心理等社会因素。体育文化着重对社会现象进行研究，而不着重于对生物现象进行研究。

虽然当前人们对于体育文化的认识还没有完全统一，对其概念和使用范围依然存在争议，但是体育文化所产生的意识形态和体验，包括体育文化创造的方法、手段、技术等，都在人类的社会生活中产生了一定的影响，是一种不可或缺的文化现象。体育具有以下基本特征，如健身性、娱乐性、民族性、艺术性、竞争性、教育性和全民性等。

一、健身性

从实践中我们可以发现，通过参加体育活动，能够对人们的身体力量进行改善；通过参加体育活动，能够使人们的综合素质，如力量、速度、灵敏、柔韧、耐力等得到提高，能够有效地促进身心健康的发展，并且能够提升人们对外部环境的适应能力，达到增强体质的目的。

二、娱乐性

体育活动还具有非常明显的休闲娱乐特性，能够改善人们的生活质量。通过体育文化运动，能够丰富人们的日常生活，并且为人们提供一种积极、向上的氛围，能让人们的生活充满趣味和快乐。在具有娱乐特性的体育文化中，按照参加者在活动中的方式，可以分为观赏性娱乐活动和运动性娱乐活动。

三、民族性

在我国乃至世界，体育都具有非常明显的民族特征。由于参加体育的人在生存环境、文化底蕴、社会和经济生活、历史和发展原因的不同，其参与的体育活动也有很大的差异性，这就是体育的民族性。例如，中国有武术、太极拳等体育运动，西班牙有斗牛等体育运动。体育在过去和未来的发展，虽然存在着一定程度的差异性，但是又受到世界统一性的严格规定，各个国家、各个民族在体育活动方面的共同点越来越多，实现了不断的融合和渗透。

四、艺术性

体育文化具有很强的艺术性，人们在观赏的过程中，会在视觉上感受到艺术之美，尤其在竞技体育之中，高水平的比赛，既是技术水平的比拼，也是一种超高水平的艺术表演，高超、完美的动作以及运动员矫健的身姿，都给人以艺术的欣赏和美的享受，令人回味无穷。

五、竞争性

体育具有很鲜明的竞争特征，主要表现在运动场上两个以上的个人或者团体，在统一规则的指引下，共同对竞争目标进行争夺。同时，体育的竞争特性不仅反映在竞技体育上，也反映在群众体育上。可以说，现代体育比赛，不仅是身体素质、技术、经验的比拼，也是思想意志、思想品德和顽强拼搏精神的比拼，是一种全面的竞争。

六、教育性

教育性也是体育文化非常鲜明的特征和功能。总体来说，体育文化的教育特性主要有两个含义：首先，从体育文化的诞生之日起，就是教育的一个组成部分，它与德育、智育、美育等结合，是全面教育的重要内容和手段；其次，从体育文化产生的那一天开始，就将教育的理念孕育在体育之中，在体育运动中能够培养人们的思想品德，培养人们的爱国主义、集体主义精神，并且能够培养人勇敢、顽强、拼搏进取的优良品质。

七、全民性

体育的全民性表现为全民的积极参与，在社会不断进步和发展的态势下，大家从沉重的生产劳动中解放出来，有更多的闲暇时间，能够积极参加体育锻炼、强身健体、愉悦身心；通过电视、网络、报纸、杂志等新闻媒体对体育赛事进行关注和探讨；或者亲自来到体育现场观看体育比赛。可以看出，体育已经逐渐变成现代社会中不能缺少的重要内容。

总之，竞争是体育运动的核心。体育的竞争包含着广泛而深刻的、对人类认识能力和创造能力的挑战。这种挑战意识，可以明显地迁移到广泛的社会生活中。通过对体育文化特征的了解，能够培养出社会人才所需的努力拼搏、不断创新、百折不挠、公平竞争和团结协作的团队精神；通过艰苦卓绝的训练和比赛，可以锻炼人的意志及胜不骄、败不馁的顽强韧性；比赛中胜负得失，涉及集体、地区甚至国家的荣辱，能够培养人的责任心、使命感和爱国心；面对强劲对手，要不断地超越自我，超越对手，促使人们增强危机感和竞争意识，不断地向更高目标奋斗；严格的比赛规则、无私执法，可以引导人们，养成维护道德规范、遵纪守法的美德。体育文化是人类社会文化的特殊组成部分，它的兴衰直接反映着社会政治、经济的发展；它的荣辱直接反映着国家、民族的精神，体现民族自尊。人类追求公平竞争，表现民族自尊的精神，在体育运动中都得到了完美的体现。

第三节 体育文化的特点

一、我国现代体育文化的特点

体育文化不只具有体育属性，而且也具有丰厚的文化属性。它既有文化所具有的普遍性特征，也具有共同的体育特性。我们根据对"文化"和"体育文化"概念的理解，很清晰地发现，体育文化可以梳理出以下一些基本的特征。

首先，我国现代体育文化的发展和形成是一个长期的过程。

通过对体育文化概念和形态的分析，我们可以看出，体育文化的形成并不是一个顺利的过程，而是经过长期的积累和发展，最终才形成的。在体育文化发展的初级阶段，即前体育文化形态中，可能根本就不存在"体育"这个词，只是一些最初的体育现象和一些类体育活动而已。到了现代，体育文化的内涵和外延已经比较丰富，并得到一定程度的发展，很多专家和学者也对体育文化的功能和价值、体育文化的形态、体育文化的发展变迁、不同体育文化的比较等进行了深刻而广泛的研究，并且从传统体育文化形态一直研究到现代体育文化形态。体育文化经过了数千年的发展，才有了我们今天所看到的体育文化的形态。由此可见，体育文化的发展和形成是一个漫长而长期的过程，不过，今天我们所看到的体育文化形态并不是最后的，也不可能是最后的，体育文化依然处于不断的发展当中。

其次，现代体育文化要想得到继承和发展，必须走"体育教育"和"体育文化传播"的道路。

体育文化与普遍性的文化一样，其传送和传播必须要依托一定的载体。一方面，体育文化具有较强的体育属性，与体育运动和体育项目高度相关。而我们为了能够接触体育运动和体育文化，就必须通过学校里面的体育教育这个重要途径。在学校，我们能够接触到各种体育运动项目和体育运动的方式，通过参与体育运动，我们接触了体育设备和体育场地；通过参与体育运动，我们了解体育文化的精神和内涵，认识到了体育的根本规范和制度，体育文化就是在这种以身作则当中得到传承和发展。另一方面，体育文化传播也是体育文化得以继承和开展的一个重要途径。现代社会中，各类体育文化活动和竞赛的组织性极强、传播力极广。在奥运会、世界杯以及各类洲际竞赛中，各个国家和地域的代表队及运动员之间的沟通、交流与商讨，在很大程度上就是一种体育文化的输送和传递，而各类媒体经过电视转播或是报道，可以将任何一个国家和地域的体育文化活动传播到另一个国度和地域，促进了各个国家和地域的文化交流，完成了体育文化的全球化传播，保证了体育文化的继承和开展。

最后，我国现代体育文化同时具备民族性和世界性。

从地域的角度来划分，当代体育文化主要分为东方体育文化和西方体育文化。无论是哪一种体育文化，我们都可以明确地看出，它既是民族的也是世界的。一方面，体育文化是民族的。每个国家都有独特的体育文化活动，在我国，有五十六个民族，不同的民族也有着独具特色的体育文化活动。如土家族的竹马、傣族的泼水节、哈尼族的打秋千等，都是有种浓郁的民族特色，因此，体育文化首先是民族的。另一方面，体育文化也是世界的，不同的体育文化从不同的地区和民族中产生，具有不同的体育形态、不同的体育内涵和外延。不过，不管体育文化具有什么样的形态、内涵和外延，一旦形成，它就是全世界共享的体育文化。以奥林匹克运动来说，它是从希腊产生的，具有较强的民族特征，可是随着时代的不断发展，目前已经发展成为近现代体育文化的主流和核心，发展成为被世界各国、各地区普遍接受和认可的体育运动和体育文化。从这个层面来讲，体育文化又是世界的。

二、体育文化的价值

在社会发展的过程中，体育文化发挥了非常积极的作用，并且能够在文化的进步上发挥出非常重要的价值和意义。虽然如此，体育文化的价值在目前来看，并没有得到社会广大人士的认同和了解，甚至很多专门研究体育文化的专家和学者，对于体育文化的价值也没有深刻的认识和了解，不利于人们对体育文化的认知，也不利于体育文化的长远发展。因此，下面我们将对体育文化的价值进行简要的分析。

最后，在体育竞赛的过程中，参与者的表现直接反映了国家、民族的精神，体现了民族的自尊。在历届奥运会中，我国选手都有非常优异的表现，使我国体育的国际地位越来越高，也提升了我国人民的民族自豪感。

第六章　校园体育文化概论

校园体育文化作为体育文化的一个重要组成部分，它的发展和完善对于校园体育的开展有着非常重要的影响。本章就校园体育文化的基本知识进行阐述，内容主要包括校园体育文化的相关概念解析、内涵与本质、结构与内容、特征与功能。

第一节　校园体育文化的相关概念解析

一、文化

文化可以分为广义的文化和狭义的文化。广义的文化包括一切物质、精神财富，是人类作用于自然界和社会成果的总和，又被称为"大文化"，其着眼于人类社会与自然界的本质区别。狭义的文化指意识形态所创造的精神财富，它专注于精神创造活动及其结果，又被称作"小文化"，主要包括道德情操、学术思想、信仰、各种制度、文学艺术、风俗习惯、科学技术等。值得注意的是，狭义的文化从属于广义的文化，二者是不可分割的。

二、校园文化

通常来说，可以从宏观和微观两个方面来对事物加以分析和认知，所以为了对校园文化进行准确又全面的了解，也可以从宏观和微观两个角度来进行阐释。

（一）宏观层面

就宏观角度来看，所谓校园文化是指在学校范围内多种精神或实体存在方式的综合，这主要体现在学校的物质文化、精神文化和制度文化等方面。

（二）微观层面

从微观角度来说，校园文化就是一种精神文化和文化氛围的总称，其主要内容是学校课外文化活动。校园文化是不同于其他主流体育课程教育形式的课延文化，不管是从宏观角度还是从微观角度来说，校园文化都与课延文化在校园文化中的地位及内容构成方面等存在很大的区别。课延文化则是一种课程文化的延伸形式，是校园中一种辅助性的、课外性的课程文化。

三、体育文化

（一）体育文化相关概念辨析

为了更好地认识和理解体育文化，我们需要对体育文化的几个相关概念加以理解。

1. 体育文化丛

这是指在一定的时间和空间内得以产生并发展起来的，在功能方面能够相互整合的体育文化特质丛体，它是一个对体育文化特质进行研究的单位。例如，武术文化作为传统体育文化的一个特定内容在其历史发展中受到文化的辐射，就军事需要这一单纯的方面来说，武术文化从其所需的实用性的局限中得以脱离出来，既将攻防技击的精髓保留了下来，同时又在审美、健身等方面得以更好发展，从而构建起了一个比较完善的传统武术文化丛林。体育文化丛是各种文化特质持续发展、相互整合的结果，共同形成了文化特质交错的体系。

2. 体育文化交流

世界体育是在体育文化相互交流中得以不断演进的，在交流的过程中涉及很多体育文化观念的相互比较、变迁和冲突，从而更好地推动了世界体育总体发展的步伐。

体育文化交流突破了本民族的一些保守性，它成为进步的表征，这也是体育文化动力精神力量使然。体育文化的交流，其基本含义主要包括以下几个方面。

（1）体育运动以交流为存在

同其他社会文化方式和形态有着很大的不同，体育运动以交流的形式存在。体育运动向着开放性的方向发展是由其竞技性所决定的。这种竞技性既能够从技艺、体能、胜负得分的竞争中得以体现出来，同时又从竞赛规则、组织制度、价值观念，甚至与体育运动有关的依附于体育运动而存在的器物层面等诸多方面得以充分体现。

（2）体育文化的共享性

体育运动是在简洁明了的规则基础上建立起来的，作为一种文化符号，这种游戏规则具备了进行广泛交流的重要前提。这使不同种族、不同语言的运动员能够在同一个竞技场上进行比赛，而不存在其他障碍。

（3）体育交流具有文化载体的性质

体育文化交流从来就不是单纯的体育文化行为，政治、经济、社会文化的多重意义附加在体育文化交流中，从而形成文化载体的作用。

（4）体育文化交流能够将文化关系体现出来

这主要表现为冲突、影响、干涉、融合，并且是双向互动的。在对以西方体育为主的奥林匹克运动进行接收和武术冲出亚洲走向世界的过程中，都能够将体育文化交流中的文化关系体现出来。

3. 体育文化冲突

随着现代社会的发展，体育文化出现了不同的类型和不同的模式，这些体育文化在价值观念方面不尽相同，甚至因差异非常大而出现冲突，这便是体育文化的冲突。在体育文化交流中，体育文化冲突是一种较为常见的现象。

从体育文化冲突中能够看出，源于传统文化中的体育运动方式，在同其他具有不同行为模式、思维方式，甚至游戏规则不同的体育运动相互接触中，会产生消极反应等一系列的心理不适应状态。体育文化冲突产生的原因有很多种，具体如下。

（1）文化区域上的差异

民族区域是体育运动得以产生的源头，体育文化要比体育交流出现得早一些。虽然从体质学方面来说，身体活动方式具有共同性和一致性，但各种运动的情趣和思路中都蕴藏着民族区域的文化观念。

（2）时代特征的不可超越

在社会文化中，体育运动是其中的主体部分，与时代文化相合拍也是必然的。我们可以将奥林匹克运动恢复，但古奥林匹克运动同现代奥林匹克运动在意义方面还是存在差别的，现代奥林匹克运动经过 100 多年的发展，也在各个不同的时间段带给人们不同的感觉。体育文化冲突的时代性典型地反映了体育运动的社会性特征。

（二）体育文化的基本含义

就体育文化和体育来说，两者并不等同于同一个概念，体育是具有动力性的，而体育文化则是具有结构性的。体育文化同一般文化概念也不同，因为在体育文化中，结构不仅是行动的中介工具，也是行动本身。它并不制约竞争和进取，而是为竞争和进取提供条件和保证。也就是说，体育文化并不是对人类狂野彪悍的原始生命力予以压制和束缚，而是要昂首步入相互促进的轨道之中。

体育文化能够很好地促进进取性道德和竞争心的形成，因此它是具有价值的，也是值得发扬的，这能够很好地克服缺乏竞争能力者的心态，能够很好地对个人和民族的身体素质和精神素质进行改善，促使民族的生命力得以增强。这个作用，对于社会的进步，对于当前正在进行的改革和现代化，也是一种推动。体育文化具有如下几个性质。

1. 体育文化的民族性

人类文化既具有共性，同时也具有个性，这种人类文化的差异性，便是其民族性的表现。生活在不同区域的人类，创造出的文化具有不同的类型和不同的形态，同时也塑造出具有不同文化特征的群体。每一种形式的民族文化，对于本民族的形成、发展和延续有着非常紧密的关系，同时也与本民族的风土人情、生产水平、经济条件、地理环境、社会结构相适应。

同文化产业相同的是，每一个民族的体育文化都在一定的区域范围之内形成和发展起来了，逐步发展成为全民族共同的文化现象。因此，就这一层面来说，所有的体育文化都是民族的，不存在超越民族的体育文化。但需要注意的是，任何一个民族的体育文化在发展到一定程度后就会产生膨胀，必然将原有的躯壳打破向外进行扩散，与其他民族的体育文化进行接触，并被动地接受来自外部文化的影响。

体育文化的民族性，其内容核心是民族的心理、语言、性格以及在这个基础上所形成的体育文化模式。生活方式和体育文化的不同是由不同的心理、语言、性格造成的，这些差异又内化在民族的性格和心理等因素之中，使体育文化的民族性得以固化、使之很难被动摇。

2. 体育文化的人类性

所谓人类性是指一个民族的体育文化所蕴含的具有普遍性的品格能够被各个民族所理解或吸收，其主要的动因是人类有能够超越民族限制的共同的理性和需求。在民族体育文化中，体育文化能够代表一个民族的整体精神风貌和旺盛的生命力，它具有世界性的意义和价值。如中华民族古老的养生文化具有追求生命质量的人类共性，这是人类体育文化的一部分，有着超越地域、语言、民族、国家界限的力量。

3. 体育文化的变异性

所谓变异性是指在形成和发展的过程中，体育文化在内容、结构、模式等方面发生变化的属性。历史并不是一成不变向前发展的，它需要在历史进程中不断吸取外部世界和其他体育文化的积极和先进的要素，来不断调试自身，这样才能获得进一步发展。在文化发展中，传播和交流是其主要的动力之一。历史发展的曲折性就表现在体育文化发展的方向是进步的，但在前进过程中会有挫折。从殷商开始，中国文化便代代相互传承，虽然中间出现了很多曲折，但并没有因此而中断，中国体育文化同样也是如此。在经过几次明显的变异之后，中国体育文化先是从秦朝对"武勇"崇尚的体育文化发展成为汉代对"废力尚德"体育文化的推崇，汉代和唐代对足球文化的推崇，发展到了宋代成为单球门的游戏。以上这些变异都像体育文化的属性一样充分体现了出来。

4. 体育文化的时代性

文化也具有特定的内容、形态和性质，能够呈现出比较鲜明的时代性。各个时代，其体育价值观念也是不相同的，因此对于各个时代的体育文化不能采用同样的标准来进行衡量。要从历史的角度来对体育文化的评价进行审视，既能够从中看到其所具有的进步性，同时也要看到其时代局限性。

体育文化的时代内容与形式使体育文化发展呈现不同的阶段。所有的体育文化都具有民族性，同时也具有时代性，这两者属于一般与特殊的关系。通常表现为各个不同民族的文化在同一时代表现出相同的时代特点，同一民族在同一时代有着相同的心理变化；特殊之处表现为各个不同民族的文化在同一时代都具有各自的民族特点。由此可见，文化的民族性就包含在时代性之中，文化的时代性就包含在民族性之中，这是同一内容的两种不同性质。

5. 体育文化的继承性

所谓继承性是指在历经各个不同时代的发展之后，体育文化依然对原有的一些特质属性进行了保留。所有的文化都是由人类亲自创造出来的。正是由于人类文化的传播特性和人类意识的历史积累性，使体育文化具备了能够通过图像、文字、语言等媒体在社会价值体系和人类的意识领域中进行传承的特性。当然，体育文化由于以身体动作为基本形式，因此身体是其主要传承形式，但依附于体育文化之上的独有的语言和文字也具有强大的传承功能，发展至今，体育比赛的数量越来越多，频率越来越快，人们通过采用各类大型体育比赛的形式，来促使体育文化得以更好地传承。在体育文化传承方面，与体育相关的歌曲、谚语、邮票、电影等实物也是不可忽视的主要形式。

四、校园体育文化

（一）不同学者对校园体育文化的解释

1. 周征对校园体育文化的解释

周征从广义和狭义两个角度对校园体育文化的概念提出了自己的看法，分析如下。

（1）从广义的角度来看，在学校体育教学、体育活动、体育管理等实践过程中，由师生员工所创造并保存的所有内容即为校园体育文化。

（2）从狭义的角度来看，以学生为主体，教师为主导，在学校体育这个主要空间所形成的文化形态即为校园体育文化。体育道德、体育观念、体育价值、体育行为等都属于校园体育文化的内容，这些内容主要是通过体育教学、体育竞技等体育活动形式呈现出来的。

2. 魏秋珍对校园体育文化的解释

魏秋珍认为，人们在校园这一特定的环境中通过实践活动所创造的所有财富总称为校园体育文化，其既包含物质财富，也包含精神财富。

魏秋珍还从广义与狭义两个角度对校园体育文化进行了解释，阐释如下。

（1）从广义上来看，在学校体育教学、体育训练、体育竞赛以及体育设施建设等实践中形成和创造的物质与精神财富，即为校园体育文化。

（2）从狭义上来看，学生的体育思想、体育意识、体育价值观等即为校园体育文化。

3. 卢元镇对校园体育文化的解释

卢元镇对校园体育文化概念的解释主要有以下两种。

（1）从广义上而言，在体育教育、体育活动等实践过程中，学校师生依托学校现有条件所创造的物质方面与精神方面的所有内容的总和就是所谓的校园体育文化。

（2）从狭义上来讲，在学校特定的教学环境下和丰富多彩的体育活动中，师生（以学生为主体，以教师为主导）共同作用而形成的体育精神、体育价值观、体育道德、体育能力、体育行为等，即为校园体育文化。

4. 严德一对校园体育文化的解释

严德一认为，以一定的社会条件（政治、经济、文化、教育等）为依托，由学校内部有形的体育物质环境和无形的体育社会环境共同构成的体育生存氛围就是所谓的校园体育文化。从这一观点来看，校园体育文化极具校园特色。

（二）校园体育文化的概念

以上几种观点有利于我们从不同的角度来认识校园体育文化，当前，关于校园体育文化概念的界定，认可度比较高的是由曲宗湖、杨文轩等学者在《课余体育新视野》一书中提出的观点，这些学者一致认为，校园体育文化是以校园为空间，以学生、教师参与为主体，以身体练习为手段，以多种多样的体育锻炼项目为主要内容，具有独特表现形式的一种群体文化。[①]

第二节　校园体育文化的内涵与本质

一、校园体育文化的内涵

在校园文化中，校园体育文化是其中非常重要的组成部分，它是将校园作为空间，将师生作为参与的主体，采用身体练习的手段，将各类体育运动项目作为主要内容，有着独特表现形式的一种群体性文化。

对于校园体育文化可以从广义和狭义两个层面来进行理解：从广义的层面来说，校园体育文化就是在学校现有的环境中，学校师生在体育教育、体育活动和体育学习等过程中创造出来的精神和物质的所有内容。从狭义的层面来说，校园体育文化是在学校教学环境内，教师主导下的行为主体在各种体育活动中相互作用所创造出来的学校文化形态，是学校这一特殊社区的体育群体意识。

一些学者认为，校园体育文化具有多功能指向的特点，具体如下。

从教育视角来说，校园体育文化能够促使学生的思想品质得以提高，培养学生良好的道德品质、体育观念、审美情趣，并对学生的心理特质加以完善。

从发展的视角来说，校园体育文化能够很好地促使学生的身体素质、身体机能和智力等方面得到很好的发展。

从教养的层面来说，校园体育文化能够向学生教授一些体育基本知识和基本技能，培养学生良好的体育文化态度，促使学生养成良好的体育学习兴趣和学习动机，并养成锻炼身体的好习惯，提高学生的自我意识。

从社会学的层面来说，校园体育文化能够很好地促使学生社会情感和社会意识得到提高，促进学生个体社会化，培养学生良好的社会活动能力，增强学生的人际交往能力。

---

① 姜志明. 樊欣. 大学校园体育文化研究［M］. 北京：中国林业出版社. 2010.

在参与校园体育文化活动的过程中，学生既能够使自身的心理、身体和人际交往等方面得到更为全面的提高，同时也能够营造出一个积极、健康、向上的校园文化氛围。

二、校园体育文化的本质

校园体育文化是校园文化的重要组成部分，其构成要素是体育物质文化和体育精神文化，它是通过体育文化氛围，体育文化环境，体育文化活动，大多数人共同遵守的法规、行为以及学校制度等文化因素，对学生实施体育教育，从而促进学生身心的全面发展。校园体育文化是学校在特定的历史条件下，为实现教育的目标，在长期的校园文化建设中，把各种有益于师生成长的文化，通过不同的方法和手段渗透于体育活动中，从而达到积淀、整合、提炼的目的。它反映了学校广大师生的健身目标、健身理念以及健身行为准则。校园体育文化本质上所体现的是关于学生及教职员工的体育价值观念。因此，某种先进的校园精神一旦形成，必然会对全体师生的体育行为产生巨大的导向作用，形成一种强大的校园体育氛围，在引导师生树立"健康第一"的观念的同时，规范他们应该做什么、为何而做、如何去做，从而使参与的人具有某种特有的"体育精神特质"，形成该学校区别于其他学校的一个特征。任何为了要达到某种目的的活动，不仅是有价值定向的活动，而且也是价值支撑的活动，只有当人们的行为被认为具有某种合理性时，人们才会理直气壮、义无反顾地去实践。先进的校园体育精神作为校园价值体系的精华，作为学校发展的一种潜在力量，无疑是一种巨大的激励因素，推动着人们积极进取、战胜困难、开拓创新、夺取胜利，特别是在学校遇到困难或挫折时，它会给人们以信念的支撑，会成为人们追求理想、追求发展的力量源泉。校园体育文化是学校师生共同创造并认同的价值观念，具有无形的凝聚力和感召力。在校园体育精神的熏陶下，体验并认识到彼此具有共同的理想追求、价值观念、道德情操和行为规范，会使生活在同一所学校的人们彼此之间产生强烈的认同感、责任感和荣誉感。

第三节　校园体育文化的结构与内容

一、校园体育文化的结构

（一）关于校园体育文化结构较为统一的观点

关于校园体育文化的结构，学者与专家比较统一的观点是，校园体育文化可以分为三个层次，即物质文化层、精神文化层和制度文化层，这个结构层次主要是以物质文化、精神文化、制度文化三个要素为依据划分的（见表6-1）。

表 6-1　校园体育文化的结构（一）

结构	内容
物质文化层	体育场馆 体育器材 体育雕塑 体育场景 体育服装 体育用品 ……
精神文化层	体育意识 体育观念 体育情感 体育道德 ……
制度文化层	体育行为 体育规则 体育技术 体育规范 ……

（二）关于校园体育文化结构的不同见解

除了上述比较统一的观点外，顾圣益提出了不同的见解，其将校园体育文化结构划分为隐性的校园体育文化、显性的校园体育文化和混合的校园体育文化三个层次（见表 6-2）。

表 6-2　校园体育文化的结构（二）

结构	内容
隐性的校园体育文化	体育精神 体育意识 体育价值观 审美观 ……
显性的校园体育文化	体育运动的技术形态 体育场馆设施等直观形态
混合的校园体育文化	体育组织 政策法规 规章制度 管理体制 ……

（三）校园体育文化的四个层面

校园体育文化并非多要素的简单集合，其具有系统性与组织性。校园体育文化的各个组成部分相互影响、相互联系，共同形成了校园体育文化这个具有开放性的系统。综合不同学者的观点，可以将校园体育文化结构划分为以下四个层面（见表6-3）。

表 6-3　校园体育文化的结构（三）

结构	内容
体育物质层	体育场馆 体育器材 体育雕塑 体育景观 体育宣传 体育图书
体育制度层	体育规范 体育制度 体育政策 体育传统
体育行为层	体育协会 体育社团 职工体育 教师体育 学生体育 体育活动
体育精神层	体育精神 体育观念 体育风尚 体育道德 体育目标 体育知识

1. 体育物质层

体育物质文化在校园体育文化结构系统中居于基础地位。在校园体育文化主体参与体育实践活动的过程中，需要由体育物质层来提供基础条件，体育器材、体育场馆、体育雕塑等可感觉到的形态是校园体育物质文化的主要内容。

2. 体育制度层

作为校园体育的综合文化形态，体育制度文化层是将物质层与精神层联系起来的中介及桥梁。体育制度文化主要体现于校园体育的组织形式，其充分反映了校园体育意识及体育观念。体育教学、课外体育活动、体育科研、体育竞赛、运动队训练、体育俱乐部、体育知识讲座和体育交流等相关活动的制度、规范及政策都属于体育制度文化的范畴。

3. 体育行为层

在校园体育活动中，文化主体以约定俗成的方式形成的体育行为表现方式、体育行为规范及体育行为内容总称为体育行为文化，体育活动、体育协会、体育社团、学生体育等是体育行为文化的主要内容。

4. 体育精神层

简单地说，校园体育价值观、健康观就是校园体育精神文化。在校园体育文化系统中，精神文化居于核心地位，其对校园体育文化目标的确立与实现具有决定性的影响。校园体育精神、体育观念、体育风尚等都是体育精神层面的内容。

二、校园体育文化的内容

校园体育文化是以校园为空间，以学生、教师参与为主体，以身体练习为手段，以多种多样的体育锻炼项目为主要内容，具有独特表现形式的一种群体文化。

校园体育文化是校园文化和体育文化两种体系交汇产生的，两者互相影响、融合、渗透、促进和发展，有着密不可分的联系。校园体育文化可通过多种形式来体现，其主要形式有早操、课间操、课外体育活动、运动队训练、小型运动竞赛、体育讲座、专题报告会、体育技能表演、学校体育节等，其中学校体育节是近年来发展比较快的一种校园体育文化活动，其成为目前校园文化的亮点之一，是因为它以自身独特的风格吸引着全体师生来参与体育活动，起到活跃校园文化生活的作用。

第四节　校园体育文化的特征与功能

一、校园体育文化的特征

（一）指导性特征

校园体育活动并不是随机开展的，校园体育文化不是一个虚空的事物，它有其存在的重要意义和对校园体育的重要影响，即校园体育文化具有指导性。

具体来说，可以从以下两个方面理解校园体育文化的指导性。

首先，校园文化的指导性受体育发展程度的影响。例如，同样是在近现代，由于我国体育事业发展落后，国民体质较差，故有"强国之道，首重教育，教育之本，体育为先"的说法。这种理念影响了几代中国人，特别是中华人民共和国成立以后，国力有限、百废待兴，人们体质也普遍虚弱，因此便不利于国家的建设。根据这种实际情况，党和政府决定将为国防和生产服务定为校园体育的基本目标，进而提出了"锻炼身体，保卫祖国""锻炼身体，建设祖国"的口号。而西方体育发达国家则更重视体育的强身作用。人们对校园体育文化的目的理解为，要通过体育运动的方式加强学生的身体健康水平，并以体育运动为手段增强学生的心理健康度和与社会融合的适应度。除此之外，它还注重培养学生的竞争意识和自我个性的培养。我国与西方校园体育文化指导重心的差别不仅仅是东西方文化的差异，更是不同社会环境中政治赋予体育的意义不同。

其次，校园体育文化的指导性并非永恒的，它会根据时代的不同和社会主流价值观的变化而改变，在现代社会，随着社会对高素质人才的要求不断提高，学校体育对学生的培养目的也与以往不同。例如，20 世纪 90 年代以后，随着我国社会经济不断发展，人们的观念日益开放，人们更加了解自己，也更了解国外。在这种有利契机下，东西方体育文化的交流让我国校园体育文化学到了诸多有益的经验，西方先进体育思想被引入我国，我国也对体育教育进行了大胆改革，一方面是社会大环境改变了校园体育文化；另一方面是校园体育文化的改变也可以引导在这种校园体育文化影响下成长的学生的思维与观念，二者互相促进，推动了我国体育教育的良性发展和校园体育文化内容的完善。目前，"以人为本""健康第一"和"快乐体育"等体育教育思想成为顺应素质教育大背景下我国校园体育文化发展的新型指针，为学生的健康发展奠定了基础。

（二）表现性特征

社会文化的表现与传承具有多样性，如诗歌用文字来表现，酒文化通过酒的实物来传承。许多社会文化虽然被传承下来，但人们对于它的观念已经变得模糊不清。校园体育文化的表现通过身体来实现，不同的体育运动项目由于运动方式的不同造成了不同的身体形态特点。

学校体育教学中多采用动作示范的方法进行教学，体现出身体是校园体育文化传承的主要方式。语言也是校园文化传承的重要方式，在校园体育文化的传承中也包含语言的表现功能。例如，身体运动的动作类似于语言中的语音，身体运动的技巧与方式类似于语言的词汇，身体运动的动作衔接类似于语言的语法，只有三者有机地结合起来才能实现校园体育文化的传承。

（三）民族性特征

不同民族的体育文化不同，因此，不同民族的校园体育文化也必然具有一定的差异，这就是校园体育文化的民族性特点。

校园体育文化的民族性主要表现在开展项目不同、同一项目的活动理念不同两个方面。例如，我国不同民族聚集的地区，学校体育文化表现出较大的民族性特点，这点与我国各民族传统体育受各自地域和民族习惯的影响较大，在此地域或民族群体中存在的学校，其校园体育文化必定有相应的特点。

再如，中外学校在体育活动开展项目上，美国校园体育文化会更加鼓励培养学生的个性，崇尚关键时刻能够有决定性的人物站出来主宰比赛，其体现在具体的体育活动内容上多为篮球、橄榄球和冰球等项目。而我国的民族性格主要以儒雅、谦虚为主，再加上近现代"养成"的，注重团队、个人的利益服从集体的利益等理念，使开展的项目也更注重这些理念的发挥，如足球、篮球、排球等运动的开展。此外，我国各级学校还开展一些民族传统体育项目，如跳长绳以及多种民族体育游戏，在这些活动中都能看到团队协作的内容。还应该认识到，尽管中外体育活动中都包含了足球、篮球等项目，但活动本身所追求的理念并不一致，这些不一致正体现了校园体育文化的民族性特点。

校园体育文化的民族性丰富了校园体育文化内容，也推动了体育文化的传播和发展，由于体育文化的传播灵活性较大，它着重强调保持和发扬民族传统体育，如此便能从多层面、多角度来构筑传播民族传统体育文化的平台，这对于我国民族体育文化的推广和发展是十分有益的。

（四）传承性特征

校园体育文化的传承性具体是指民族体育文化的接续与传承。随着社会的变革和时代的发展，现代校园体育文化的内容和思想都充满了时代感，它与我国最初开始出现的校园体育相比早已千差万别，但尽管如此，从不同时代的体育文化和校园体育文化中仍旧可以发现种种文化传承的痕迹，现代校园体育的活动内容以及体育精神都体现了传承性。

（五）多样性特征

体育教育的多样化和体育活动形式的多样性决定了校园体育文化的多样性特点。当前的体育教育以培养学生体育精神、体育意识和体育技能为校园体育文化的重要宗旨。在此宗旨的指导下可以开展种类新颖、形式各异的校园体育文化活动，多样性的活动使校园体育文化更加丰富多彩。校园体育文化的主要性质结合及其价值具体表现在以下几个方面。

1. 理论与实践的结合

理论与实践的结合，具体是指通过较多的体育运动实践来检验平时所学的有关校园体育文化的理论知识是否为真，并且将得出的感悟和想法反馈到理论中去，由此形成良性循环，不断促进校园体育文化的可持续发展。

2. 健身与文化的结合

体育运动的健身价值与文化价值决定了校园体育文化必然要体现健身与文化的结合。

3. 民族与世界的结合

民族与世界的结合是通过校园体育文化活动中的民族运动项目来达到弘扬我国民族体育文化的目的。从实践来看，校园体育文化的发展也确实能够起到弘扬民族体育文化的作用，使之得到广泛传播和发展。

二、校园体育文化的功能

（一）健康功能

1. 改善身体机能状况

校园体育活动形式各样，不同形式的体育活动对师生都有很强的吸引力，促使师生加入体育锻炼的队伍中。事实上，校园体育运动之所以对师生具有吸引力，主要在于其具有突出的健身功能。师生经常参与体育锻炼，机体器官抵抗疾病的能力就会不断增强，从而更好地保持健康。

作为校园体育文化的基本功能，健身功能受到了校园广大师生的重视。校园体育文化主体参与各种体育文化活动，最主要的动机就在于提高与改善自己的体质与健康水平。学生在参与体育活动的过程中，血液循环逐渐加快，心脏功能不断提高，呼吸系统功能逐步得到改善，骨骼、肌肉也会快速发育。对于处在生长发育阶段的青少年学生而言，积极参加体育锻炼有利于终身体育锻炼习惯的养成。

促进机体的生长发育和运动能力的提高也是校园体育文化的重要功能。人们不管参加什么体育运动，都离不开肌肉的活动，因此肌肉发育的好坏对人体运动能力的强弱具有直接的影响。如果人体肌肉发达而结实，那么其劳动力和运动能力就相对较强。体育锻炼能够使学生肌肉的血液供应情况得到改善，可以促进肌肉内营养物质尤其是蛋白质含量的增加，可以使肌纤维变粗，从而提高肌肉的工作能力。学生在参与体育锻炼的过程中，会消耗很多能量，产生大量的代谢产物，新陈代谢和血液循环速度也会不断加快，身体机能水平也会不断提高。此外，校园体育有利于对学生的心理进行调节，使学生保持舒畅、愉快的心情，摆脱不良情绪和心理的困扰，从而充满朝气，活力四射。

2. 疏导心理的积郁

校园体育文化有利于促进学生良好个性品质的形成和积极心理状态的保持，这就是其心理疏导功能的主要表现。校园体育文化活动充满刺激、娱乐和欢快的元素，因此其有利于丰富学生的精神生活，能够缓解学生因学习压力大而产生的紧张心理，可以使学生保持愉快的心情、饱满的情绪以及旺盛的精力。校园体育营造了良好的精神氛围，这有利于协调校园内人与人之间的关系，有利于促进学生不良情绪、心理的缓解。校园体育活动不但能够使学生各种正当的、合理的体育活动需要得到满足，同时还能够促进学生心理的健康发展，使学生形成良好的个性心理品质和行为规范，保持积极健康的心理状态。

3. 培养健康生活方式

很多因素都会对个体的生活习惯和生活方式产生影响，如生活环境、成长历程、经济条件、受教育程度等。校园体育文化为学生提供了良好的体育生活环境，在这一环境中，青少年学生能保持充沛的精力，充满求知欲，并能够快速接受新鲜事物。校园体育还有利于促进学生业余生活的丰富，使学生养成积极健康的生活习惯。

经济的发展与社会的进步使人们的需求不断增加，单纯的物质生活已经难以使人们的多元需求得到满足。在接触体育活动后，人们渴求健康，希望通过体育来完善自我，获得健康的身体和优美的体形。另外，体育活动不仅能够使人保持基本的健康，还能够促进人的生命活力，使生命的意义得到进一步拓展。除此之外，校园体育文化还有利于促进学生身心的健全。体育活动充满竞争与趣味，其鼓励人们积极进取，倡导人们在竞争的同时体验活动的乐趣，这对于培养人的拼搏精神和缓解人的心理压力具有重要的意义。同时，学生的心理素质还不够完善，很容易因为一些因素的影响而产生不良心理，体育活动对于缓解学生的不良情绪与心理具有积极的作用。

(二) 教育功能

1. 育人功能

校园体育文化对人的影响是悄无声息的、是潜移默化的，这也是校园体育文化与其他校园文化的一个不同之处。校园体育文化的育人功能从两个方面反映出来：第一，学校通过开设体育课程来将体育知识、技能传授给学生，促进学生知识的丰富与技能的提高；第二，学校组织开展多种形式的课余体育活动，以此来对学生的知识结构进行改善，促进学生个性的发展、物质与精神生活的丰富、社交需要的满足，并对学生的交际能力与合作精神进行培养。由此可以看出，校园体育文化在培养人才方面具有全面性的作用，只有充分发挥校园体育文化的育人功能，才能更好地对适应社会发展的全面型人才进行培养。

作为社会文化系统的重要组成部分，校园体育文化具有鲜明的校园文化特色。学校这个文化环境相对而言是比较独立的，因而校园文化这一文化体系也具有相对独立性，在学校这个环境中，校园文化以无形的力量推动全校所有人员的进步与发展，向每一个人施加教育方面的影响，这是校园文化的重要价值取向。校园体育文化是校园文化群中的一个重要成分，校园文化的特征在校园体育文化中也有突出的体现，因此二者的价值取向是相通的。校园体育是师生共同参与的体育活动，校园体育文化对师生，特别是对学生的教育就是在文化主体参与校园体育活动的过程中完成的。校园体育文化教育功能的发挥有助于对师生的智能结构进行改善，有助于学校人类理性精神和人文精神的发扬，有助于对师生的潜能进行开发，同时有助于学校教育目标的顺利实现和对素质教育的进一步贯彻。总之，在师生思想品质和身心素质培养方面，校园体育文化具有得天独厚的优势。

2. 激励功能

校园体育文化具有一定的激励功能，其能够使校园内每个成员的学习与工作动机得到强化，能够对校园人学习与工作的积极性、主动性和创造性进行调动与激发。一些人以"运动机器"来称呼运动员或校园体育积极分子，而且在校园竞技运动中以"运动成绩论英雄"，这些都是不应该提倡的。校园体育文化能够使学生的事业心和责任感不断增强，能够使学生以饱满的精神和积极的心态参与学习，所以，我们应该引导全校人员树立共同的体育目标、体育价值观、体育理想、体育信念，从而进一步促进校园体育文化的繁荣发展，并为我国体育事业的迅速发展培养优秀的人才，使校园体育文化和体育事业紧密结合，共同进步，共创辉煌。

事实上，校园体育文化的激励问题是一个使主体需要不断得到满足的问题。校园体育文化为校园人创造了和谐的体育氛围及人际关系环境，校园人在这一环境与氛围中能够获得精神方面的满足。同时，校园体育文化也为校园人提供了良好的体育文化享受空间及创造空间，校园人在这一特定的空间内，可以利用现有的体育场馆设施、体育器材等获得参与体育活动需要的满足。此外，校园人在参与活动的过程中，其体育人生观与信念会不断强化与升华，这也是校园体育文化激励功能的重要反映。

3. 智力促进功能

人体集中精力以稳定的情绪从事艰难、复杂、敏捷和创造性活动的能力就是所谓的智力。青少年时期是智力发展的高峰阶段，校园体育文化活动有助于促进学生智力的发展。研究证实，经常参与体育活动，可以保证大脑能源物质与氧气供应的充足性，因而可以使大脑神经细胞得到充分的发育。另外，不同的运动动作具有不同的性质，不同性质的运动动作对大脑神经系统造成的刺激也是不同的，各种运动动作能够不同程度地促进运动参与者大脑皮层细胞活动的强度、灵活性、均衡性的提高，从而可以使整个大脑神经系统的结构、功能得到改善。学生参与各种形式的校园体育活动，能够使大脑疲劳快速消除，头脑逐渐清醒，精神更加充沛，这对于学习效率的提高具有积极的意义。体育活动还能够促进学生感知力、思维力、想象力、注意力、记忆力等的提高与增强。

4. 凝聚功能

目前，人们非常关注校园体育文化的凝聚力问题。校园体育文化是连接校园人和体育的重要纽带，其发展的目的在于将个体目标整合为学校体育的总目标。

作为一种群体文化，校园体育文化的构建必须借助群体的力量，由群体共建的校园体育文化反过来又影响着每个个体，使个体将学校体育行为风尚内化为自我要求。人们在不同的阶段参与的体育活动是不同的，因而所了解的体育文化也是有差异的。随着时间的推移，人们掌握了越来越多的体育知识，对体育的认识越来越深入。不同时期的体育活动对人们产生的影响也是不同的。学生在不同教育阶段参与的校园体育活动都对其社会化发展起到了积极的影响，如校园体育对学生的社会认同感、团队意识进行了培养，使学生树立了平等、公正和竞争的体育理念，并学会遵守规则。因此，客观上来说，校园体育文化规范了学生的行为方式，有利于学生养成良好的体育锻炼行为习惯。

在学校体育中，各种类型的体育活动大都是以集体的形式组织的，如体育课、早操、课间操、课余运动训练、体育竞赛等基本上都是以集体（班、组、队）为单位来组织的，每一个参与者的体育行为都会对集体的得失与荣誉造成影响。集体性的校园体育活动对学生具有重要的教育意义，对于学生群体意识和集体主义观念的树立具有积极的推动作用，学生在参与集体活动的过程中，会逐渐树立热爱与关心集体、服从与维护集体的意识，这也是校园体育文化凝聚功能的一个重要体现。

集体性体育活动需要多名学生共同参与才能顺利进行，这就要求参与者具有高度的协作意识与配合能力，任何一名参与者的失误都会对最终的运动成绩造成影响。而参与者只有通过长时间的练习才能够形成默契的配合。在长期的练习过程中，学生之间相互帮助，互相理解，友谊不断加深。此外，学生在练习的同时也树立了以集体利益为主的大局观，并会在训练与体育竞赛等实践活动中为一个共同的目标而努力拼搏，为集体的荣誉而奉献自己的力量。学校开展丰富多样的校园体育活动，营造良好的校园体育文化氛围，有利于进一步加强校园体育对广大师生的吸引力，从而使师生积极参与到各种体育活动中。师生在参与活动的过程中，彼此间的感情逐渐加深，集体意识也逐渐得到强化，这对于校园团体内聚力的提升具有积极的意义。

校园体育文化之所以具有强大的凝聚力，主要是因为每一位校园人都普遍认同校园体育，理解校园体育。体育活动为团体成员之间相互沟通和相互理解提供了良好的机会，团体成员在活动过程中彼此信任，共同为团体荣誉奋斗，共同维护他们之间的友谊。校内体育竞赛能够增强班级、团队的凝聚力，校际体育比赛可以使一个学校的凝聚力得到提升，同时能够使全校师生员工的责任感、荣誉感以及归属感不断强化。

（三）情感功能

1. 娱乐功能

体育是一种积极健康的文化娱乐方式，也是一种非常重要的精神文化活动，已经成为校园人现代生活中不可缺少的一部分。校园体育文化能够调节学校成员的生活方式和精神状态，使学校成员终身体育需要和情感愿望得到满足，能够促进校园人身心的健康与愉悦，使校园人保持积极饱满的精神状态。

体育是一种要求参与者身体直接参与的活动形式，学校师生在参与校园体育活动的过程中，与身体最为密切的人格要素（如健康、力量、素质、审美、智慧、性格等）都会得到不同程度的锤炼，并会感到有一股力量在激励自己不断奋进，可见，校园体育文化有利于对生机、协调、美好的校园生活氛围的营造。师生在这样一种校园文化氛围中生活，自然会受到感染，其个性品质、能力都会得到不断完善，精神境界也会得到一定的升华。

2. 审美功能

校园体育文化的审美功能是无形的，我们可以从学生的情感体验中看到校园体育在审美方面的价值与功能。"更快、更高、更强"是体育运动不懈追求的价值目标，校园体育文化同样将此作为追求目标，"更快、更高、更强"集中体现了体育的"美"的特质。具体来看，校园体育文化的审美功能主要体现在以下几个方面。

（1）体态美

校园体育文化有利于启发与提高学生的审美意识，促进学生的体态不断向着"美"的方向发展。这主要表现在以下三个方面。

第一，学生通过参与体育锻炼，可以更好地展现自己身体的协调性、灵巧性与表现力，充分彰显自己的青春魅力。体育活动能够促进学生自信心的进一步增强和创造美的能力不断提高。

第二，体育运动富含美的元素，强劲有力的动作、风驰电掣的速度、结实健美的躯体、娴熟的技巧无不展现着运动之美。

第三，体育运动有助于对学生正确的审美观念进行培养，人们在参与体育运动的过程中、会逐渐以健美作为自己的生活标准，从而改善自己的服饰搭配，提升自己的仪表风度。校园体育在美化学生形态和心灵方面具有积极的影响，能够使学生高层次的美的需求得到满足。

（2）鉴赏美

高雅的校园体育文化活动还能够创造各种美，如语言美、心灵美、行为美等，这些美的元素又有利于促进学生对美的感受能力、鉴赏能力、表现能力以及创造能力的提高。同时，校园体育文化的美育功能还能够帮助学生对低级的、腐朽的审美情趣进行抵制，从而引导学生对正确的审美观念进行树立。

（3）运动美

校园体育教育有机融合了体育与美育，将体育的运动美充分展现了出来。例如，体操、健美操、体育舞蹈、花样游泳等，这些体育运动项目本身就具有高度的艺术性，体育运动的竞技美、技术美和动作美在这些项目的技术动作中得到了充分的反映。

3. 陶冶情操功能

校园体育文化具有陶冶情操的功能，这主要体现在以下两个方面。

（1）陶冶情感品质

校园体育文化有利于培养学生良好的情感品质，这主要是通过情绪的自我调节和情感的自我优化实现的。校园体育有利于对学生顽强的意志品质进行培养，使学生遇事更果断、遇到困难更坚毅、遇到不良诱惑更具自制力。各种校园体育活动的举办有利于创建团结活跃、朝气蓬勃、积极向上的文化氛围，有利于素质教育在体育领域的进一步落实。

（2）陶冶思想修养

校园体育文化活动对广大学生的影响与教育是通过文化氛围、激励机制、实践活动等因素实现的，校园体育文化对学生具有很强的感染力，能吸引学生积极主动地投入到这一体育锻炼的环境中。学生在这一环境与氛围中既学到了体育方面的知识，又锻炼了身体；既丰富了自己的生活，又锻炼了自己的运动能力和组织能力，而且还形成了良好的竞争与合作精神。例如，体育竞赛活动能够使学生懂得自尊、自爱、自强，可以促进生竞争与合作意识的强化；体育讲座能够使学生树立积极健康的健身观念；体育实践活动能够促进学生意志力的增强和良好个性的形成。由此可以得出，学校可以针对不同学生的不同需求来对体育活动进行组织，从而有针对性地促进学生思想修养的提升。

第七章 校园体育文化发展与传播

校园体育文化是我国体育文化的重要组成部分，同时也是校园文化的重要内容之一。在新时期，校园体育文化要善于抓住机遇不断实现自我壮大，从而获得更好的发展与更广泛的传播。因此要加强这方面的研究，为促进校园体育文化的繁荣发展提供参考。

第一节 校园体育文化的发展现状与趋势

一、校园体育物质文化的发展现状

物质文化是校园体育文化发展的基础保障，缺少这一物质基础，体育活动无法正常运行。校园体育物质文化内容丰富，具有代表性的有体育建筑、运动设施、运动器材、体育雕塑、体育吉祥物、体育标语、体育图书、体育音像资料等，这些内容凝聚和展示着校园全体师生员工的知识与智慧。这些客观的外在实物在潜移默化中深入学生的内心。这些体育物质实物都是具有实际作用的，如体育建筑、设施、场地和器材等都是师生参与体育教学活动和课余体育活动的重要场所和载体，是改善和提高学生物质文化生活的基础设施，其建设状况、设计水平和文化内涵反映了学校校园体育文化的发展水平。

（一）校园体育场地设施现状

体育场馆、器材等设施是体育教学活动开展的基本载体，因此，其质量状况直接影响校园体育文化的发展。

高校是学术和技能的最高水平的代表，因此，宝贵有限的教育资源大都集中在高校。体育资源作为稀缺教育资源，在高校中也得到了充分的补充和建设，因此，在分析校园体育物质文化发展的现状时，特选择了高校作为代表。

通过对部分高校进行实践考察和调查统计后发现，多数高校的体育场馆、器材不仅不能达到教育部规定的相关标准，而且也无法达到满足体育教学、课外体育甚至运动训练和竞赛需要的要求。这势必会阻碍校园体育文化的整体发展。

正是由于优质的体育物质资源有限，所以这些资源主要都用于学校官方的体育教学和运动训练，这就必然导致了课余体育锻炼中场馆器材的紧张和不足，这样的校园体育物质条件根本无法有效培养学生的体育健身意识和习惯。

（二）校园体育物质环境现状

校园体育物质环境直接影响学生的体育兴趣和体育参与动机。学生体育价值观念的可塑性很强，他们对体育价值的认识还处在表层、初始阶段，充满活力的校园体育氛围和良好的体育环境本身就具有一定的教育功能，这些有利因素可以培养学生正确的体育观念，提高学生的体育文化素养。因此营造良好的体育教育环境，尤其是具有感官最佳刺激效果的校园体育物质环境，能够潜移默化地促进学生体育文化素养的提高。

调查发现，大部分高校还未形成良好的体育物质文化环境，还未形成体育物质文化环境的创造意识。在现代信息化社会环境下，学生主要通过体育图书资料和网络资源来了解和接触体育相关信息，但是只有少数高校会将学校的体育信息主动放到校园网和学生论坛中。

在调查的部分高校中，只有少数高校有体育雕塑，在校广播和宣传栏中宣传相关体育信息的高校以及在校园官方网站上登载体育新闻的高校寥寥无几。可以说，当前大部分高校都缺乏体育物质文化环境的主动创新意识，体育宣传途径少，宣传方式单一，宣传意识和力度差，可以想象，这样的环境很难促进校园体育教育目标的实现，因此校园体育文化建设的目标也就更难实现了。为了改变这种不利现状，在当前环境下，体育部门领导和教师应主动与团委、宣传部、学生处、基建处等职能部门协调，加强校园体育物质环境建设是最可行、最直接的方法。

二、校园体育精神文化的发展现状

实践证明，如果拥有良好的校园体育文化氛围，可以使校园变为一个在一定区域内集成的具有普遍自觉性的体育文化小群体。每一个身处在这个小群体中的人都普遍具有相似的体育观念和体育行为。而更多加入这个群体的人均会被这种氛围所感染，受其影响小群体的新人也会接受这些良好的体育观念和体育行为，进而会有很多人被吸引到这个群体之中，最终充分发挥与实现体育的教育等功能。由此可见，校园体育精神文化是校园体育文化的核心。

（一）体育观念现状

体育观念指的是体育教师与学生对体育在健身、娱乐、心理素质提高、智力培养等方面价值的认定。如果体育观念正确、则可以指导体育教师和学生在校园中采取恰当的体育行为。也就是说，体育教师和学生对体育在健身、娱乐以及在心理健康促进、智力培养等方面所体现出来的价值认识程度，直接反映了其体育观念。

总而言之，学生的体育观念较为正确，可塑性也很强，只要稍加引导，并对相关内容加以辅导和学习，就可以使其理解体育乃至体育文化中更深层次的内容。

（二）体育道德现状

在现代社会中，道德培养对于学生而言极为重要。实践证明，校园体育文化对提高学生体育道德具有独特的作用。学生的道德水平在体育运动中可以有所体现，因此便有"要想打好球，先要做好人"的语言。体育道德能够反映学生整体人文素质状况的一部分，学生在体育运动参与过程中体现出的道德水平非常真实和客观，是学生对体育内在意识、观念及价值等的具体表现形式。尤其是在团队性体育运动中更是展现得淋漓尽致，如在足球比赛中可以通过学生的责任感、公平意识、规则遵守情况等观察学生的体育道德情况。

访谈发现，我国大学生体育道德基础较好，道德水准较高。主要表现在体育运动中基本没有功利主义色彩，能够按照公平竞争、团结友爱、遵守规则、重在参与的原则参与比赛，并且表现出强烈的集体荣誉感和爱国主义精神。学生普遍表示在体育竞赛中他们最希望能够实现的是体育公平竞争、重在参与、裁判公正、团结一致，在体育活动和锻炼中他们最希望实现的是机会均等、互礼互让、积极参与、遵守纪律、表现自我、实现自我。

学生参与体育活动，重在锻炼、学习，提高素质，他们较为单纯，没有社会上世俗的功利心态，在这种环境中能够有效培养和提高学生的体育道德素养。我们要根据当代学生所处的成长环境，切实深入了解他们的成长经历，了解他们的心理需求，对其进行科学合理的体育道德法制教育，充分利用体育文化氛围来感染和影响他们，从而促进其体育道德水平的提高。

（三）体育精神现状

体育精神包括竞争、拼搏、意志品质、团结协作、奉献、遵纪守法和创新等精神。这些精神对学生的终身发展十分有益。在校园体育文化建设中，奥林匹克文化是非常有必要提及的一个内容，向学生弘扬奥林匹克精神，促使他们也将"更快、更高、更强"理想作为人生的追求。此外，学校对学生公平竞争、拼搏奉献等精神的培养，也都无一例外地体现了校园体育文化对学生体育精神涵养的要求。

校园体育精神的培养直接受学校体育传统、地域、民族，以及学生性别等因素的影响。其中学校体育传统和学生性别的影响最大。比如，在校园中，男生在体育运动中的拼搏精神和认真程度通常高于女生，当然这与男性争强好胜的天性有关。而女生则在体育运动过程中体现出更强的意志品质，这也与女性天性中的隐忍与韧性强度较高有关。再者，体育传统较好的学校能够积极培育学生的体育精神。

另外，在体育运动中大多数学生可以做到遵守规则、服从裁判和尊重对手的要求，但另一方面他们在体育运动中的创新能力较弱，使他们的体育活动看起来就是规规矩矩的活动，这显然不利于他们创新思维的发展。因此，在今后的校园中应当营造强烈的体育创新文化氛围，要求学生在运动过程中积极思考，发挥自己的聪明才智与想象力。

三、校园体育制度文化的发展现状

校园体育制度文化是校园体育组织形式和体育意识的集中体现，其内容丰富，可以说，几乎所有与体育教学活动有关的事物都有体育制度的存在，它的作用主要是制约和指导正确的体育活动行为。

　　校园体育活动的有序开展需要有相应的管理制度作保障，因此，一个完善的校园体育管理体制和健全规范的体育规章制度无疑会成为校园体育文化建立和发展的保障，同时这也是校园体育文化管理和文化活动的准则。在活动中，它成为约束与规范学生体育行为的基本原则，也正是由于受到这些体育制度的约束，学生才能在这种"局限"下慢慢养成依规行动的意识和习惯。现代社会本来就是各种规矩林立的社会，在社会中，法律就是制度，因此校园体育制度文化有利于培养学生的社会适应能力和遵守公共道德的素质。为了更加全面地了解校园体育制度文化对校园文化发展的影响，下面主要分析校园体育传统和校园体育制度的发展现状。

　　（一）体育制度现状

　　为了保障各类体育文化活动的顺利进行，需严格制定和实施校园体育规章制度，因此要协调安排各部门、各层面校园主体的工作，最大限度地发挥相关人力、物力和财力的作用。

　　调查发现，高校基本具备国家下发的成文制度，大多数高校能够根据本校的体育教学、校内体育竞赛、运动队训练和竞赛、体育教师管理、场地器材设施管理等方面的需要建立相应的体育制度。

　　总体而言，虽然高校基本具备国家下发的相关体育政策文件和维持学校体育工作的体育制度，但随着校园体育工作现代化、信息化、社会化发展趋势的加强，高校的体育制度已远不能满足当前需求，因此需进一步宣传与强化依法治校的观念。

　　（二）体育传统现状

　　体育传统是指学校在体育方面形成的一种带有普遍性、重复性和相对稳定性的体育行为风尚。

　　校园体育传统活动的主要内容主要包括校级运动会、校内学生体育联赛等。大部分学校重视课余体育训练，针对高水平运动队和普通学生运动队的不同特点，安排相应的运动训练并组织学校运动队参加校外体育竞赛。体育传统活动对校园体育文化的建设与发展具有极为重要的作用，值得关注。

四、校园体育文化的发展趋势探讨

（一）多元化趋势

　　校园体育文化作为文化的一种具体形式，要适应时代发展，与时俱进，只有这样，才能满足学校发展需要和学生运动锻炼的需求，才能够保证校园体育文化的可持续发展。

　　学生之间存在明显的个体差异，因此在体育方面的需求也有所不同，原先单一的校园体育文化已无法满足学生的需求，这就要求校园体育文化朝着多元化的方向发展，突破单一型发展模式。

（二）大众化趋势

20 世纪 90 年代末之前，教育的形式主要是推行"精英教育"，随着社会经济的不断发展和进步，这种教育形式已与社会发展的需求不相符，因此，"大众化教育"逐渐取代了"精英教育"，成为当前教育的主流形式。

随着我国经济的发展，体育社会化趋势越来越明显，我国校园体育文化大众化的发展趋势也越来越显著。如此一来，高等教育为更多的人所接受，在此契机下，校园体育文化也得到更加广泛的发展。

（三）社会化趋势

从当前的形势来看，学校要获得理想的发展，不仅要承担社会责任，同时还要服务于社会，使社会需要得到较好的满足。从相关实践中可以发现，在社会主义市场经济体制从建立到逐步完善的过程中，校园体育文化社会化的速度和趋势越来越显著。尤其是近几年，我国竞技体育实力越来越强，社会体育的推广和普及进一步推动了校园体育文化的社会化趋势。

（四）开放性趋势

随着社会经济的不断发展，全球化发展越来越快，我国已经与国际有了较好的联系和交流，因此，在校园体育文化的发展方面，也开始逐渐借鉴国外的一些先进经验。另外，当前包括体育文化在内的各种文化之间频繁交流，文化的碰撞越来越激烈。这就使校园体育环境的开放程度越来越高，因此，校园体育文化的建设和发展也要博采众长，这是一种必然。

第二节　校园体育文化的多元化传播

一、校园体育课的文化传播

（一）传播价值

1. 对校园体育文化起主导作用

校园体育文化建设的基础是教师与学生共同参与。教师与学生是学校一切体育活动的组织和参与主体，因此，校园体育文化就一定要围绕他们来展开。现在的学生参与某种体育活动，首先，能确定的是他对这种体育运动是感兴趣的；其次，他还具有一定的参与该项运动的技能，这种技能不是天生的，而是后天经过练习获得的，由此也就证明了体育文化传播的重要性和意义。而体育课作为校园体育文化传播的重要途径，是学生从小学到大学的必修课程，不管是出于愿意还是不愿意，每个学生都必须把其当成一种学习任务来完成。学生经过长期的累积，自然就能掌握某种体育锻炼技能，而这种运动技能恰恰就是今后他们参与课外体育活动的主要内容。学生参与到体育运动中来，不管其目的是通过体能测试，还是真正喜爱某种运动，想掌握运动技能，体育课堂以及课外体育活动教会他们的东西都会在一段时间内成为校园体育文化的重要内容。因此，体育课程的文化传播的确给校园体育文化的构成内容带来了不可忽视的重大影响，甚至主导了文化的内容。

2．增进学生身体健康意识和心理健康水平

当前，随着素质教育理念及"健康第一"观念逐渐深入人心，体育课被赋予了丰富的内容，成为对学生身体、心理、社会适应能力以及卫生保健等全方位培养的有效措施。另外，通过体育课的学习，学生将在和谐、平等、友爱的运动环境中感受到集体的温暖和情感的愉悦；在经历挫折和克服困难的过程中，提高抗挫折能力和情绪调节能力，培养坚强的意志品质；在不断体验进步或成功的过程中，增强自尊心和自信心，并且在人格养成方面形成积极向上、乐观开朗的生活态度。这些可以使他们终身受益。

3．促进师生交往，有效传递文化

体育课程中的主体包括体育教师和学生。鉴于体育课程由这两大主体构成，因此，体育课程的传播过程基本也就能被看作是一种教师与学生之间相互沟通的过程，而体育知识与技能就是他们沟通的主要问题，而体育课堂就是他们沟通的场合。体育课堂与其他学科教学不同的地方在于，体育教师不仅需要运用语言法作为主要教学方法，还要突出"身教"，以此做到能够更加直观地向学生展示技术动作的目的。

另外，学生作为一种拥有自主权的受众群体，他们本身也参与了校园体育文化的创造与传播，因此，在体育课中，环境对学生的文化传递是双向的，校园环境既创造了一种文化，学生作为环境中的一部分，也在受到感染后将文化价值向外传播。同时，师生间以体育课为纽带，通过长期接触和交流，感情更加亲密，交往也更加和谐。

（二）传播途径

1．显性传播

体育课程的显性传播方式较多，体育教师、教学场地与器材等都是其显性传播的主要方式，其中学校的体育硬件最为典型。硬件设施的完备使体育课程不再受到场地限制，好的场地也更能让学生享受体育课带来的精神感受，同时体育教师在良好的场地和器材保障下，也更利于提高自身的课堂组织力和掌控力。此外，随着体育教师专业知识的逐步完善，体育知识传播的质量也得到了提高。器材是学生体育学习的重要辅助工具之一，它是学生完成学习和练习的重要物质基础。适合的器材能较好地增长学生的学习和练习兴趣，不当的体育器材会削弱学生的学习和练习兴趣。在体育教学过程中，体育教师的角色较多，他们不仅仅是体育知识和技能的传授者，而且还是体育的"代言人"，是一个能够让学生爱上体育的关键角色，学生通过这一"窗口"可以直接学到很多体育运动技能和体育知识，特别是当前的教学模式发生转变以后，教师不再被当成一种课程实施的"工具"，也不再是课程的"使用者"，而是更加符合学生体育需要，解决学生问题的角色，这对于体育课程的显性传播也非常关键。

2. 隐性传播

（1）通过学生个性传播

目前，体育课程开始实行新课标。新课标中的内容越发注重对学生在学习体育知识与技能方面的需要，不仅如此、还增加了与生活密切联系的教学内容，这使学生的体育学习更加有意义了。如此可促进学生的主动学习和积极思考，有利于展现他们的个性及兴趣，这对巩固他们的主体地位也有很大的帮助。这说明新课程标准下的体育课的文化传播已经不仅仅是教师个人的主观意愿体现，也不是由教学大纲来详细安排，学生的个性及兴趣方向在很大程度上已经决定了体育文化内容的传播。所以，尽管体育课程的内容看似由体育教学管理部门决定，但实际上这些部门在进行相关决定时也会考虑如何激发学生的兴趣和培养学生的个性。

（2）通过优秀体育文化渲染

以乒乓球为例，正是由于乒乓球运动在国际赛场上的优异表现，使其在我国拥有"国球"的地位，提高了乒乓球的知晓率。因此，即便是在经济发展缓慢甚至困难的地区，仍旧可见一些简易的乒乓球台，人们对参与这项运动也非常热衷。这主要说明了某项运动之所以能够获得广泛认可，主要在于它背后的文化已经深入人心。同理，一个学校也有它的传统体育项目，在校的学生在传统体育项目的影响下，会很自然地对其产生浓厚的兴趣，在潜移默化中产生以参与某项运动为荣的想法。如此一来，便不再需要某些强制性的规定来约束，取而代之的是完全成为学生受到隐性体育文化渲染的行为，由此便会获得更好的文化传播效果，且这样的传播影响更为深远。

二、校园体育活动的传播

（一）传播价值

1. 丰富校园体育文化

现代学校体育教学活动的功能不再局限于提高学生的身体素质，多项功能的结合使校园体育活动更趋向于成为一种文化的基础。

从文化要素的角度对校园体育文化进行划分，可将其分为意识、行为和物质三类文化。在学校中开展的多种多样的体育活动实际上就是在传播校园体育文化，这是学校体育的基本意义。在此过程中将上述三种文化融入活动中去，就可以对学生进行潜移默化的教育，因此将取得比强行灌输教育更好的效果。

2. 树立终身体育意识

学生时代正是人身体素质的重要成长阶段，在这一阶段抓好体育教育工作，就可以为学生打好身体素质基础，以便使其在未来几十年的社会工作中都能有好的身体与精神状态。这对我国现代化建设非常关键。

（二）传播途径

1. 日常体育活动

日常开展的体育活动具有随意性、普遍性和可选择性的特点。因此这种体育活动方式是学生参与最多的体育活动形式。尽管日常体育活动带有明显的可选择性与随意性，但总的活动宗旨还是要符合体育健身的基本规律，无论如何也不能脱离其"健康思想"的基础，依然在巩固课堂教学内容的同时，通过组织丰富多彩的活动来丰富学生的生活，促进学生体格体能的完善和发展，培养学生的体育兴趣、坚强的意志和良好的社会情感，形成良好的人际关系。

2. 体育文化节

体育文化节是展现校园体育文化的一个重要窗口。体育文化节活动灵活多样，不仅拥有体育竞赛的内容，同时也可以举办一些形式较为灵活，更加富有娱乐性特征的体育嘉年华活动。在校师生通过体育文化节不仅享受到了节日的快乐，而且他们的身心得到了良好的锻炼。没有体育特长的学生也能在体育文化节活动中找到适合自己的活动。

组织出色的体育文化节活动，主要通过以下三个步骤进行。

（1）进行体育文化节活动预热。通过预热宣传，使全校成员了解活动内容和组织方式，激发学生的参与热情。

（2）尽量在活动中安排一些师生互动的活动，让教师也成为活动的参与者。除此之外，一些体育骨干学生要积极参与活动的组织策划，聆听学生的意见与建议，使活动更加符合学生的需求。

（3）在活动结束后举办颁奖仪式，评选优胜团体或个人，并进行表彰。在全体师生中开展"我在学校体育文化节中"征文活动，及时交流感受。

三、校园体育文化的网络传播

（一）传播价值

1. 使传统传播模式发生了巨变

在信息时代，我国使用互联网的民众数量不断攀升，特别是对学生来说，互联网更是成为生活中不可或缺的组成部分。据中国互联网络信息的统计报告，绝大多数用户在网上最想获得的是新闻方面的信息，其中体育信息占了相当大的比例。鉴于网络传播的优势，报纸、广播、电视等传统传播方式受到严重的冲击。因此，为了顺应时代的潮流和发展需要，传统传媒方也在建立网络传输平台，开拓网络辅助传统媒介的新模式，从而巩固自己的传播地位。

2. 满足人们对体育信息的需求

要想了解体育，首先要获得体育方面相关的信息。网络可以利用其容量大、互动性强的特点，多角度、多侧面、全方位地为受众服务，满足人们对体育信息的需求。互联网可以全方位、多角度、动静结合地对体育赛事进行立体式报道。网民可以通过互联网找到有关比赛项目的详细介绍，包括历史、规则等与之相关的体育信息。这点在校园学生群体中更是如此，他们对体育信息的需求量更大，获取及时信息的要求更高，这些需求都能够通过互联网得到满足。

（二）传播途径

1．建立体育论坛

体育论坛在现代网络中是非常常见且成熟的用户交流平台。体育运动多种多样，学生可以根据自己的爱好在不同"社区"参与问题讨论。在校园体育文化发展中，体育论坛也可以作为师生沟通平台为师生提供服务，甚至可以成为继续教学的平台，如教师可以在论坛里发布学生自我训练计划等。通过讨论，学生会把自己的想法呈现给体育老师和同学们，体育老师会对学生的观点进行评述并提出合理的建议。这样能使师生加深对彼此的了解，增进他们的感情。同时，在体育论坛中，教师应该重视学生提出的一些问题，并将此作为建设优秀校园体育文化的信息反馈，学校再以此对校园体育文化进行针对性的建设和完善。如此更能够使校园体育文化符合学生需求，从而促进校园体育文化的健康发展。

2．建立专题性体育网页

体育教学课堂是校园体育文化的重要组成部分。除一些体育专科院校外，其余大部分学校体育教学的主要目的在于普及体育知识，指导学生掌握基本的体育运动方法和卫生急救常识，使教学内容更加趋向大众化。当然，这种教学程度对于那些对体育有一定深度知识的学生来说显得较为简单。为了弥补这方面的体育教育缺失，更好地丰富校园体育文化，学校就可以在网上建立专题性体育网页。这样可以凭借网络传播速度快、信息量大的特点为学生的体育学习提供服务。建立专题性网页最主要的是突出它的内容专题性。因此，必须对体育信息进行系统分类，便于不同学生查询，如制作体育新闻网页、体育学习网页、体育宣传专题网页等。

第三节 文化强国战略背景下我国校园体育文化传播的新思考

一、文化强国战略背景下我国校园体育文化传播的要素

（一）校园体育文化的共享性

人类文化发展历史是文化创造的历史，同时也是不同社群、民族、国家文化共享的历史，共享性是文化发展繁荣的重要因素，文化共享的目的和宗旨是促进文化的发展和繁荣。校园体育文化的共享性是在校学生、教师对体育文化的认同和理解，这是文化传播的基础，只有在这一前提下，校园文化才能传播。这种共享文化存在的形式各种各样，可以是文字、语言、颜色、动作等。在校园团体赛项目比赛前，运动员们会围在一起手掌向下

叠加在一起，表示团结加油，比赛时运动员会不断用手掌拳头在胸前击打表示自我加油，当运动员向上伸出食指和中指形成"V"时表示胜利，如果不了解这些共享文化，就不会明白对方的意思，就无法顺利交流和传播。同时学生文化层次较高，向往新事物，且能更好理解和接受文化的共享性，因而校园体育文化共享性是校园文化传播的基础。

（二）校园体育文化的传播关系

校园体育文化的传播关系是指校园体育文化传播中发生的联系，这是校园体育文化传播的前提。即使有了共享文化，如果没有这种传播关系，校园体育文化也不会发生传播，而且这种传播关系不可能发生在单个人身上。校园中有体育课、体育比赛、体育社团等，形成一个个交织在一起的关系网，当许许多多教师和学生发生联系，组成各种关联的传播关系，校园体育文化才能进行传播。这种传播关系体现在以下两个方面。

第一，外界与校园间的体育文化关系，方向是双向的，可以是外界信息传向高校校园，也可以是校园向外界传递信息。

第二，校园内部自身的传播关系，是信息在校园内部的自我传递过程。

（三）校园体育文化的传播媒介

校园体育文化的传播媒介是校园体育文化传播的中介、载体和渠道，是校园体育文化传播的工具和手段。一般可以将校园体育文化传播媒介分为人和物两类。

人是校园体育文化的传播者和接受者，同时也是最为活跃的传播媒介，校园中的"人"主要是教师和学生，其主要传播形式是开展体育课、训练课、比赛交流、体育社团等活动。其传播可以是教师本人通过语言或身体动作等向学生传播的过程，同时也可是学生间的传播或学生向老师传播，这种传播是多方面的，可以是单对单或单对多等，传播的媒介是人。

另一种传播媒介是物，这种媒介较多，在校园的体育文化中主要有文字、音像和网络三种。文字是语言的物化，是最常见也是最普遍的传播媒介，也是校园体育文化积累和承传的重要手段。音像是学习体育技术和理论知识的视觉化的直接产物。现在网络媒介资源丰富，大量体育网站和地方网站的链接为我们提供了高效的检索体育类信息的方法，同时也为校园体育文化的传播与交流提供了一个良好的平台。

（四）校园体育文化的传播方式

校园体育文化传播方式是传播者与接受者相互沟通的方法，是校园体育文化的桥梁。校园体育文化的传播方式很多，不同的过程表现也有所不同。通常有人际传播、群体传播、组织传播、大众传播四种传播方式。

1. 人际传播

人际传播指人与人之间的信息传播，通常是面对面的、不公开的场所的传播，这是最简单的传播方式，这种传播方式常常在武术、健身操、街舞、瑜伽等项目中存在，采用"师傅"通过言传身教、手把手指导"徒弟"这种链式的传播形式。这种传播方式的特点是传播缓慢，在信息交流迅速的高校，这种传播方式明显已经不能满足师生对体育文化的需求了。

2．群体传播

群体传播指信息在群体间进行交流的过程，这种传播的主要特点是传播人群广、传播速度快，校园体育比赛、体育文化节、体育社团活动等均是群体传播体育文化的表现。

3．组织传播

组织传播指通过有组织、有计划传播信息的活动，如校园体育协会（篮球协会、排球协会、足球协会、网球协会、游泳协会等），这种传播方式具有很强的目的性。

4．大众传播

大众传播指借助各种现代先进的大众媒介进行传播，如杂志、报纸、广播、图书、广告、电视、电影、手机、网络等媒介，这种传播方式具有信息传播单向流动、信息同时公开、信息传递快捷广泛等特点。

二、文化强国战略背景下我国校园体育文化传播价值的思考

（一）自我增值价值

校园体育文化的传播必然存在文化增值的价值。学校是学习和传播知识的重要场所，外来的体育文化常常先在高校进行传播，经过高校包装使其更具吸引力，从而使其文化价值进一步强化，这样容易被民众接受。校园文化增值是经过传播者、接受者、传播媒介、群体参与四方面的因素作用而产生增值效应的。任何文化的传播都是传播者以自身的文化价值观念为准绳，在事实的基础上进行文化加工和自己的理解，掺进自己的价值观。

师生是校园体育文化的主要传播者，师生文化水平较高、理解能力较强，如果校园体育文化经过师生对其进行"包装""加工"，其社会的增值价值马上能立竿见影。文化的增值也存在于文化信息的接受者整个反应过程中，当人们接受一种文化价值信息时，总是根据自己的经验重新理解和界定这种文化信息的价值和意义，传播学中的"使用与满足""选择接受"理论都是以接受者为出发点来研究传播效果的。

校园体育文化传播经师生接受后，就会根据经验和对价值观的理解衍生出多种意义，从而达到文化的增值。传播媒介对校园体育文化的增值可以起到事半功倍的作用。媒体的不断发展，传统媒体的不断更新，赋予了信息更多的意义，这点在校园文化传播方面的作用非常明显。群体参与是校园体育文化增值的重要因素。校园体育文化是人们活动的产物，因而校园体育文化的传播与增值更是离不开群体参与，集体价值观正是在群体参与的基础上形成的。

（二）教育价值

校园体育文化的教育价值主要表现在它的潜移默化、暗示性和渗透性，这种暗示性不同于以教师教授、学生学习的单向灌输为主的课堂教育，而是在具体的体育活动中，通过统一的规则、规范的行为、严密的组织和约定俗成的规定，使参加者和观赏者自觉或不自觉地接受体育文化的教育，从而培养良好的意志品质，提高人们感受美、鉴赏美、创造美的能力。

教育是校园体育文化的主要传播方法之一，校园体育文化对于学校体育教育目标的实

现和学生生活方式的改变、学习方式以及习惯的养成都起到重要的作用。校园体育文化传播的价值已不再局限于课堂教育，而是不断通过各种体育活动、体育竞赛、体育文化产品、体育精神等活动潜移默化地使学生受到体育教育的熏陶和渗透，不自觉地接受社会主导的价值观念和人生观，摒弃不正确的思想和行为，养成良好的道德品质、生活习惯，从而提升其体育文化素质。

（三）体育文化保护与传承价值

体育文化的传播过程本身就是保护与传承体育文化的过程，体育文化作为一种文化现象，不论对传播者还是接受者，只有成为人们的需要时才能进行传播，人们的意识、心理和价值观制约着体育文化的传播。学校是培养人才的主要场所，校园体育文化虽然是社会体育文化的缩影，但体育文化能够在学校传播是得到政府等有关部门认可的，凡能在学校进行传播的体育文化都是代表当前社会和民族文化的精华，同时体育文化在学校被师生接受后，经过他们对体育文化的理解，掺进自己的是非价值观，形成的体育文化具有更大的社会认可性，这更容易推动体育文化的传播，无形中也保护了体育文化。

（四）社会调控价值

校园体育文化的社会调控价值是指通过校园体育文化对社会进行调适和控制的价值。这主要体现在两个层面：一是调适，二是控制。现实社会中，各种文化传播都影响着人们的价值观和人生观，这些价值观和人生观不一定都是阳光健康的，特别是高校学生大都刚离开父母独立生活，在受到社会各种文化传播的影响，同时在处理人际关系方面存在各种不协调后，很多同学可能会产生悲伤或轻生的想法。校园体育文化通过各种各样的体育文化活动，拓展了校园内人与人交往的空间，增加了校园情感沟通的渠道，可以很好地改善这种现象，使校园文化进一步健康发展。

社会要健康、稳定发展，必须实行自我控制。在学校可以通过各种体育比赛、体育法规、体育精神、体育道德等体育文化活动的教育，使师生行为、活动稳定在一定的规范之内，保持校园的稳定，同时也可以借此机会培养师生遵纪守法的习惯，使学生以后走向社会能更好地控制自己的行为，促进社会文明发展和进步。

第四节 校园体育文化的现代化发展与创新

一、校园体育文化现代化发展新模式的塑造

（一）平衡校园体育文化中主体需要与社会需要的关系

1. 主体需要与社会需要的区别

校园体育文化主体需要与社会需要之间存在很多的共性，但也有一些明显的不同，具体表现在以下几个方面。

（1）起始目标不同

社会需要的起始目标为国家和民族的发展进步，它的着眼点更大、更宏观。而校园体

育文化主体的需要更加细致和具体，就是从校园中师生群体的意识诉求的微观角度出发的。

（2）形成机制不同

社会需要是在遵循社会价值取向的基础上总结总体的共性而形成的。反观校园体育文化主体的需要是将自身作为对象，遵循学生的价值取向，受个人非理性因素的影响。

（3）表现形式不同

社会需要主要表现在宏观层面，这就带有了明显的概括性和综合性。而校园体育文化主体的需要则主要表现在微观层面，带有明显的针对性与具体性。

妥善处理主体需要与社会需要的关系以及明确它们之间的地位关系非常重要。只有这样才能让两者需要相互促进，相互借鉴，共同发展。但实际上，我国更加注重社会需要，忽视校园体育文化主体的需要，这直接导致体育教学在学校中的地位偏低，教学质量较差，不能充分调动主体的积极性，体育教育作为素质教育中的重要组成部分沦为一种形式。

2. 妥善处理主体需要与社会需要的关系

校园体育文化主体对于文化发展的自身需要是促使文化长期、健康与稳固发展的重要保证，一旦这种重视程度降低，校园体育的文化发展就会成为一种形式化的活动与文化，这是一种没有灵魂的实际文化，难以使校园体育文化形成一个有序、健康发展的文化系统。

虽然社会需要与校园体育文化主体需要具有一定的一致性，但是如果忽视主体在各个侧面不同层次的需要，也会在一定程度上影响社会需要的满足。

校园体育文化主体需要是校园文化发展的重要推动力，而社会需要则是重要的外在影响因素。学生在发展过程中，可了解社会需要的发展动向，并将其内化为自身需要，实现体育文化的发展。

在开展相应的校园体育文化建设过程中，应积极对校园主体文化需要进行分析，了解其生理和心理特点，加强对其的沟通和理解，将满足主体需要作为各项体育工作的重要目的。在开展工作过程中，应将社会需要视为关键的基础，给予充分重视，将其作为评定校园体育文化发展水平的标准，引导其向正确的方向发展。学校应通过各种方式，将社会需要与主题需要融合起来。

（二）协调外部性干预与主体主观能动作用的关系

1. 坚持开放性原则

要想建设优秀的校园文化，首先要关注建设主体的问题。校园文化建设的主体对文化的需要会产生相应的内在动力，促进其主观能动性的发挥，从而提高工作的效率。然而可以看到的是非校园体育文化建设主体的外部干预性的确可以在加快文化建设速度方面取得一些捷径，但要明确这并不是说如此一来的效率就更高。出现这种问题的主要原因是校园体育文化主体自身进行校园文化建设，能够更好地发展能动性，建设的文化体系更加统一，这样学生就更能适应这种文化系统。鉴于此，就需要建设者始终保持开放的态度，积极借鉴外部优秀的文化，将其融入校园体育文化建设中。此外，还要注重对文化主体的整合，实现文化主体素质的发展。

2．发挥市场调节机制的作用

我国目前正处在社会主义初级阶段，各方面事业都在有条不紊地发展之中，因此，国家也在对教育体制进行改革，不断探索更加合理的教育之道。特别是在人才培养中越发关注市场的作用，即培养人才的依据成为社会的需要，这就是一种典型的市场调节教育的行为。例如，某个行业缺乏相关人才，则学校加强对相关专业学生的培养。政府在其中发挥一定的宏观调控职能。政府的行政干预会在一定程度上干扰市场的调节机制，从而不利于市场调节机制的发挥。政府应积极履行新的职能，维持市场对人才需求的导向作用，构建新的人才培养模式。

（三）排除主导性制约因素的影响

校园体育文化发展的主导性制约因素主要包括人生价值取向、社会交往模式、价值本位类型、价值思维方式。消除这些制约因素是发展校园体育文化的关键。

文化本身具有两面性，其本身具有好的一面，也有一些文化本身并不符合现代社会的价值观。而要想实现校园体育文化发展的全新模式，就需要坚决抵制这些文化中的糟粕，防止它破坏校园体育文化的健康发展。

二、校园体育文化的传承与创新

（一）文化传承创新与体育教学

1．体育文化探源

体育运动的产生与人类的生产生活有着紧密的关系，随着时代的发展和文明进程的加快，体育运动与当时当地的政治、经济、文化、军事、教育等因素不断产生交集。这也为体育运动最终成为一种文化起到了必要的促进作用。

体育文化与其他文化形式有相同之处，它们都可以以物质和精神的两种形态进行划分。这里主要说明体育精神文化，它的意义在于既包括体育发展中所特有的精神内涵，又包括历史发展中体育的相关制度文化和行为文化。体育文化源自体育运动实践本身，而当体育文化最终得以形成后，其又可以对体育实践做出指导。在体育运动的发展进程中出现的且被留存住的多种特征，如竞技性、娱乐性和教育性等都是体育精神文化的核心体现。

2．校园文化与体育文化

校园文化以学校教师与学生为主体，校园文化建设不仅要求学生参与，同时也要求教师的组织与参与，从而最终构建出一个以校园精神为主要特征的群体性文化。可见，校园文化的产生与发展始终是与师生关联的，而学校师生不仅是校园文化的主体，同时也是校园体育文化建设的主体。校园文化是一所学校历史底蕴、文化内涵的生动体现，是学校办学综合水平的体现，是重要的软实力象征，甚至校园文化已经成为学生择校关注的标准。由此看来，校园文化在很大程度上被认为是扮演着先进文化传播的角色而存在。如果学校没有形成具有本校特色的校园文化，说明它还不具备学校发展的灵魂，这样学校也很难培养学生的人文素养。

体育教学事业孕育了学校体育文化，是学校体育文化的根基。学校的体育教学事业是一个宽泛的词汇，它不仅包括学生必修的体育课堂教学，还包括一切与体育有关的课外活动、业余运动训练等，这些内容共同构成了体育文化的实践基础。现代教育更加注重对学生的全面素质的培养，力求培养出德、智、体、美、劳全面发展的高素质人才。而体育运动作为其中"体"的表现形式，就使体育文化与校园文化结合的落脚点出现在广大师生身上。

校园体育文化是校园文化的一个组成部分，两者的发展轨迹相似，也会在发展中遇到类似的问题。尤其是两者在发展中都比较重视传承与创新中国文化的职责。校园体育文化会影响该校教师与学生乃至一所学校长期发展的价值观和体育精神，在这种影响下，作为学校活动主体的教师与学生的体育行为也被不断规范着。体育文化的基本属性明确要求它的作用发挥需要落实到体育精神中来，如此可以将以往更加功利的竞争、对抗等精神转变为更适合学校体育文化推广的更高、更快、更强的体育精神，也能给学生带来更加积极的影响。

3. 学校体育教学现状

当前我国正在大力进行教学改革，其中也包括对体育学科的改革。教育改革的目的是培养全面发展的、综合素质高的、更能够适合现代社会发展需要的高水平人才。在新一轮的体育教学改革中，改革的重点在于培养学生的终身体育意识。这种改革的思路使过往追求运动技能传授的体育课程向着更加全面、更加综合、更加实用的方向转变，以求培养学生的终身体育意识和掌握能够实现这一意识的运动技能。

当前在体育教学改革中，对体育教学目标进行了调整，更加关注学生的心理发展与社会适应力的提高。不过，这种转变在实践中显然没有取得立竿见影的效果。由于长期受传统体育教学思想的影响，新教学目标的实现任重道远。这主要是由于目前我国的学校体育教学存在着两种难以解决的矛盾，一个是教学理念与教学实践的矛盾，另一个是教学目标与教学硬件的矛盾。因此，体育教学改革要想获得成功和效果，必须要提出切实有效的方法解决两大矛盾。具体来说，学校体育教学改革对"健康第一""终身体育"的教学理念做出了明确要求，然而在实际当中这与过去一直执行的传统的"三基"体育教学模式产生了矛盾。要想使新体育教学理念得到落实，要改变的就不仅仅是体育课程中的某一个环节，而是全部的环节。但鉴于我国学校体育教学时间短、内容少、教法单一，自然就很难在落实新体教改革理念时迅速转变完成。就体育课时短的问题来说，首先就无法满足教学所需，为了压缩教学学时，许多内容只能草草而过，如此必会影响教学质量。另外，新一轮的教学改革提出的理念和要求需要更多体育硬件设施的保障。但对于原本就匮乏的体育资源来说，学校体育的可用资源更是少之又少。没有硬件设施作为保障，体育教学的改革与发展就失去了基础，无法顺利进行。

（二）文化传承创新背景下体育教学的改革

体育教学改革要以体育教学现状及其他相关体育活动为基础，此外还应与校园文化建设相结合。这一切都是为了使体育教学改革顺应体育运动的发展规律。文化的传承与创新本身就是两个互相矛盾的事物，传承是将已有的文化完整地传递下来，而创新则是改变已有的文化，或是改变已有文化中的某个方面。然而，辩证来看，文化的传承是文化创新的基础，文化创新又是促进文化继续传承的根本驱动力。只有在这种相互作用下，传统文化才能在新时代继续闪耀辉煌，焕发出新的活力。而且只有这样，体育教学改革才能够获得不竭的精神动力和智力支撑，并为体育教学改革提供灵活的方法和可靠的平台。

1. 加强校园体育文化建设与体育教学改革的结合

注重对校园文化以及校园体育文化的双重建设可以为体育教学改革带来动力，这也是一所学校增强自身软实力的必然需求。在学校体教改革进行之中，也要随时关注一些人文关怀方面的事物，全面贯彻落实"教育以学生为本"的理念。另外，体育教学改革还要注重对校园体育的多重文化的改革，如校园体育物质与精神文化建设、校园体育制度文化建设和校园体育行为文化建设等。只针对某一元素进行的改革总是会显露出片面性与单一性，最终的改革结果也不会持久。还有一点需要注意的是，对于校园体育文化的建设还不能忽视学校所在地区的民族风俗、地区特色以及学校综合实践活动情况。力求以提升在校学生的身心素质、民族精神为目标，落实切实可行的学校体育教学改革方案。

2. 以文化传承创新推动体育教学改革

要想使学校体育教学改革获得源源不断的动力，就需要文化的传承与创新能够跟上时代的变迁。这主要是因为文化的传承与创新可以对体育教学改革中出现的许多问题进行指导和解决。具体来看，文化的传承与创新的首要表现就是能够完善体育教学改革的理念。理念的转变并非易事，只有当社会发展到一定水平或忽然出现某种对体育教学产生重大影响的事件后，才有可能出现理念上的转变，而文化的传承与创新能够为这一问题提供更加符合时代发展需要的答案。另外，文化的传承与创新为体育课程改革的理论方向提供了理论基础。体育教学改革要求将"以人为本""健康第一"的理念与教学内容充分融合，要求突出发挥学生的主体地位，并为学生提供更加舒适的体育学习环境。

3. 通过体育教学改革促进文化传承创新

体育教学改革对于促进文化的传承与创新具有积极的作用。这种反作用力在体育教学改革中主要体现在对我国传统文化在体育事业中的文化内涵与特性、给人带来的综合发展变化以及整合校园文化与体育文化等的发掘方面。

（1）通过体育课程改革可以发掘我国传统文化的特性

体育教学改革是改变现行体育教学多方面因素与问题的行为，同时这也是一种对趋于完美的体育教学活动的改变尝试。这一改革过程能够体现我国传统文化的特性，因此被视为对传统文化进行传承与创新的一种间接的手段。

（2）体育教学改革可促进学生综合素养的提升

学生是我国未来社会主义建设的主力军，也是我国传统文化的继承人和开拓者。为了让学生能够成功胜任这些角色，需要从学校阶段对其进行全面综合的教育，特别要注重文化素质教育，而体育教学改革能够为培养更加优秀的社会主义接班人打好基础。

第八章 校园体育健身文化建设研究

随着全民健身运动的推广、开展，人们的体育健身意识得到不断增强，而校园体育作为全民健身运动得以顺利开展的重要途径和保障，对在校园中建设体育健身文化有着非常重要的作用和价值。本章就校园体育健身文化建设进行研究。

第一节 校园体育健身文化形成的背景及特征

一、校园体育健身文化形成的背景

（一）人们审美能力和健身观念的提高和转变

在市场经济的作用下，各种规劝人们健身和美体的广告铺天盖地，拥有健美的身体成为一种时尚，因此而形成的健身文化成为大众文化的一员和重要表现形式。在生产企业、广告商和各种传媒的传播之中，健身文化的审美价值观和标准变得更为日常化。

但由于文化的差异，中国人的健身观念和审美能力没有完全和国际接轨。随着经济的发展，文化的交流，这种差距将会越来越小。

目前，全国各大高校都开设了自己的健身房，到健身房已成为一种消费时尚。"请人吃饭，不如请人流汗"成为流行的时髦口号。于是，健身成了一种文化体系，在这种文化的熏陶下，大量的学生根据自己的喜好选择不同的健身项目进行锻炼，希望通过健身锻炼改变自己的体形、增强身体机能。如果能把健康和性感结合起来，身体就能获得它的完美性，这几乎是今天所有人的理想身体。参加健身锻炼，就是实现这个身体理想的具体行动。

（二）阳光体育所倡导的理念和校园健身文化融为一体

阳光体育运动所倡导的是一种终身体育锻炼的理念，提出的"每天锻炼一小时，健康工作五十年，幸福工作一辈子"的口号，体现出对人的一生高度负责的态度，突显健康的理念。这就是一种健身文化的植入，并与校园健身文化相融合，体现在注重学生的学习兴趣、爱好和个性发展，促使学生自觉、积极地进行体育锻炼，以全面发展体能和提高所学的运动技能水平，让全体学生真正爱上运动，自觉增强体质。阳光体育运动正是通过暂时强制性的活动，逐步培养学生自觉参加体育锻炼的习惯，形成终身体育锻炼的理念，是培养学生健康身心的无形教育力量。

二、校园体育健身文化的特征

（一）健身性

健身文化的主要形式是健身运动的实践。增强健康就是体育健身的最基本功能，实践证明，人们通过参加各种体育活动，就能提高有机体的力量、速度、灵敏、柔韧、耐力等身体素质，提高有机体对外界环境的造就能力，从而促进身心健康，增强体质。

（二）娱乐性

健身运动是一项极富魅力的竞技运动和娱乐项目，它更是一种生活方式。它是一项竞技运动，因为它需要长期艰苦的体能锻炼、付出辛勤汗水和智慧才能在竞争中取得有利排序的运动，所以具有竞争性。它为人们提供一种积极、健康向上的消遣，给人们带来无穷乐趣。体育娱乐性，按参加者活动的方式可分为观赏性娱乐活动和运动性娱乐活动。观赏性娱乐性活动是指人们观赏各种体育表演和比赛，特别是观赏竞技运动；运动性娱乐活动是指人们亲自参加体育活动，乐在其中。因为任何一项体育运动所追求的目标是"更快、更高、更强"，而唯独只有健身运动是为了"更美"，美是要拿出来展示的，在展示美的过程中被观众和喜爱它的人们赋予了观赏性和娱乐性。

（三）时尚性

为了适应学校紧张的学习，越来越多的学生积极投身于健身运动之中，"花钱买健康"或称为"健康投资"已成为一种消费意识和当今社会的一种时尚。

（四）教育性

体育本身就是以运动为手段使学生身心受到教育和锻炼。从一定意义上讲，健身是教育系统的一个组成部分。健身本身也是民众进行自我教育和自我娱乐的文化生活方式。因此，可以说体育健身也是接受教育和自我教育的手段和过程。健身运动是为了增进人体完美的发展，而寓教育于身体运动的教育过程，它是社会对人的发展施行总体教育的一环，让每个人在身体力行的运动中，锻炼完美的体格，提高人的适应能力。健身运动同样具有陶冶、培养和教化的三个要素。人类发展产生了文化，随着对积累起来的文化价值认识的提高，作为健身文化特性的陶冶性越来越被强调。健身运动不断地追求培养人的可能性和界限，在人格完善中促使人从"自然"到"文化"、从"现实"到"理想"的实现。

（五）艺术性

健美、健美操和体育舞蹈等健身活动都和音乐有密切的关系，音乐是健身房健美运动的灵魂，尤其是完成健美操动作和形体舞蹈练习必不可少的组成部分。它可以丰富健美者锻炼时的想象力和表现力，培养健美者美感和良好气质。另外，健美训练的过程也是对人体雕塑的过程，这都体现了健美的艺术性。

第二节　校园体育健身活动的科学指导与安全管理

一、学生参与校园体育健身活动的时间选择

（一）早晨运动

早晨进行运动健身是很多人的选择。经过晚上的充分休息，人往往拥有充沛的体力和精力。另外，在早晨，空气质量一般相对较好，更加适合进行体育健身。但是，需要注意的是，在早晨进行体育健身时，运动量不宜过大，这主要是因为身体机能并没有处于最佳的状态，需要一个适应的过程，很多人在早晨进行运动时多为空腹，如果运动量过大，则可能会造成低血糖症状。因此，在早晨进行体育健身时，可选择一些中等强度的有氧运动，如健身走、太极拳等。

（二）上午运动

上午进行体育健身时需要注意，由于饭后一小时、饭前一小时不适合进行体育锻炼，所以，上午进行体育健身的时间一般在早饭后两小时左右进行。如果饭后过早运动，会影响人体的消化、吸收；临近饭前进行体育锻炼则可能会影响人的食欲。为了更好地促进人体的健康，在安排上午的体育锻炼时，不宜安排大运动量的运动。

（三）下午运动

很多人都会选择在下午进行体育运动，运动时间相对较长，运动者可根据自身的需要安排相应的体育健身运动。在进行大强度的运动之后不宜马上用餐。需要注意的是，在下午进行体育健身时，城市中工业污染和汽车尾气污染相对较为严重，空气质量相对较差。因此，在进行体育健身时，应选择空气质量相对较好的场所。

（四）傍晚运动

傍晚进行体育健身时，应与上床休息的时间相隔一小时以上，在体育健身之后，有充分的时间进行整理和休息，这样不仅能够取得一定的体育健身效果，还有利于睡眠。傍晚进行体育健身时，运动量不宜过大，否则会影响肠胃的消化和吸收。如果在睡前进行剧烈的运动，则会使机体处于兴奋的状态，从而影响人的睡眠。

二、学生参与校园体育健身活动的环境卫生

人们生活的环境与身体健康状况具有密切的关系，在体育健身时，了解环境对体育健身的影响，对于身心健康的发展具有极为重要的意义。下面将进行自然环境对人的健康的影响分析。

（一）空气

1. 空气对人体健康的影响

空气是人体赖以生存所必不可少的环境因素之一。它对人体的生命与健康有极为重要的意义，尤其对物质代谢、气体代谢和热代谢（体温调节）等方面的作用更为重要。人体通过呼吸功能与外界环境随时进行着气体交换。当空气中氧含量降低至10％时，人体会出现恶心呕吐，中枢神经活动减弱。当氧含量降至7％～8％时，对一般人来说是一个危险界限，会出现窒息、体温下降、昏迷、循环障碍，甚至死亡。

成年人每天约呼吸1000升空气，其质量约13.6千克。人在生命活动过程中需要吸入足够的氧气。新鲜空气可以振奋精神，消除疲劳，提高学习和工作效率，也能改善睡眠、呼吸功能，提高基础代谢。在体育锻炼时，机体为了满足运动时氧的需要，内脏器官呼吸、循环系统的活动相应加强，特别是呼吸加深加快。如果空气不清新，含灰尘杂质和有害气体较多，不但直接影响空气中氧的含量，使体内氧的补充受到影响，而且，其中夹带的细菌、病毒还容易进入体内，引起呼吸道及其他疾病。因此，体育锻炼时，更要注意在空气新鲜的环境下进行。为了防止灰尘进入肺内，应当养成用鼻子呼吸的良好习惯，因为鼻腔中的鼻毛和黏膜分泌的黏液对空气中的灰尘、细菌等有一定的清除作用。

2. 空气中的主要有害成分

每天都有无数火炉、锅炉在燃烧，无数的机动交通工具在奔驰。火炉、锅炉和交通工具都需要用煤或石油产品作能源，随着煤和石油产品的燃烧，各种有害物质散播到了大气中，污染了空气。

二氧化硫是煤燃烧的副产物之一，当空气中有百万分之六的二氧化硫时，人就会感到呛嗓子。硫和水蒸气反应生成硫酸，随雨下降就是酸雨，随雾飘浮在空中就会腐蚀建筑物等。

氧化氮是氧和氮在燃烧中形成的气体，有毒。大马力的汽车会产生较多的氧化氮。PM2.5又称为细颗粒物、细粒、细颗粒。它是环境空气中空气动力学当量直径小于等于2.5微米的颗粒物。这种颗粒能够较长时间悬浮于空中，随着其在空气中浓度的增加，空气污染也越严重。PM2.5颗粒小，面积大，在大气中停留的时间长，并且易附带有毒、有害物质，其随呼吸进入肺泡后，直接影响肺的通气功能，人长期暴露在颗粒污染严重的空气中，可能引发心血管病和呼吸道疾病以及肺癌。

3. 空气污染对人体健康的害处

空气污染对人体健康的害处，可概括为以下三个方面。

（1）急性危害。因气候条件，大量空气污染物不能扩散或转移，或因工厂一次性大量排放有害物质，人们在短时间内吸入很多有毒物质，就会发生急性中毒。

（2）慢性危害。长期生活在污染区的人，呼吸系统受到空气中有毒气体的慢性刺激，呼吸道的防御功能受到损害，就容易患感冒、支气管炎、肺炎等疾病。大气中的烟尘颗粒，也是造成慢性危害的主要因素。

（3）致癌作用。在空气污染物中，有致癌作用的物质达 30 多种，最主要的是来自煤烟、汽车尾气和柏油马路灰尘等。其中一些毒性物质致癌作用很强，长期刺激皮肤，会使人患皮肤癌；长期吸入呼吸道，会使人患肺癌。许多国家的统计都表明，城市肺癌发病率高于农村，这与城市空气污染严重有重要的关系。

4. 到空气新鲜的地方去锻炼效果更好

新鲜空气一般是指含氧较高、含杂质和灰尘较少的空气。在含氧较多的新鲜空气中运动，能帮助我们提高运动能力，提高体育锻炼的效果。氧是维持生命和健康所必需的，在剧烈运动时，如果氧供应不足，新陈代谢不能顺利进行，就不能坚持很长时间。

脑力劳动时单位重量的脑组织消耗氧则更多，大大超过了单位重量肌肉所消耗的氧。大学生长期在人数较多并且不通风的场所学习时，由于空气中含氧较少，二氧化碳较多，氧供应不足，使血液里的含氧量降低，就会感到头昏脑涨。所以在课间或做运动锻炼时应当到室外空气新鲜的地方去，同时要多做深呼吸，以改善血液中的含氧量，促进脑的机能，提高工作、学习效率。

需要注意的是，人体对缺氧的耐受力可以通过相应的体育锻炼来提高。一些运动项目的运动员通过相应的训练，可以明显提高在空气中缺氧的耐受力。大学生可通过相应的运动训练来提升这方面的能力。

（二）气温

人类是恒温动物，体内应保持恒定的温度。气温的高低对人体的体温调节和新陈代谢有很大的影响。在不同的气温下，人体的新陈代谢强度和散热方式会发生相应的变化以保持体温的恒定。气温在 21 ℃左右时是人体最适宜的温度，此时的生理机能最佳，这时机体的工作能力发挥最好。

在气温超过 35 ℃时，人就会因大量出汗、体液减少而导致体内环境的改变，运动能力下降，甚至会出现痉挛、中暑等情况。适应热环境者在气温较高时可进行运动，但应注意避免阳光直射，运动时应穿浅色、轻薄和通气良好的服装，运动量由小到大，逐渐达到预定的要求。要经常性地补充水分，适当的淡盐水更好，如出现头晕、抽筋、皮肤湿冷等状况，要立即停止运动，到阴凉处进行处理。一般人对热环境的适应需 4～8 天。

低气温对人体的损害主要是造成局部冻伤。在较冷的环境中进行体育锻炼，严寒会给机体带来一些不利影响，如肌肉工作能力下降、运动能力受到影响。在寒冷环境中，人可能由于体温散失过多而出现头晕、协调能力下降、步幅不稳。在进行体育锻炼时，如果能循序渐进，坚持在冷环境中运动，就可改善人体对寒冷的适应能力，提高耐寒力，有利于身体各系统机能的进一步加强。

在寒冷环境中进行体育锻炼时，应选择合适的保温、防寒运动服装，太臃肿的服装会给运动带来不便，还会导致体热不宜散出；体育锻炼前要充分做好准备活动，这样既有利于达到预期的运动效果，又可有效防止运动中出现损伤。

（三）湿度

空气的湿度主要是加强气温对人体的作用，影响人体的散热过程。如在高气温下，空气湿度大，就会使机体的蒸发散热受到阻碍，体热蓄积而易造成中暑。而当低气温时，空气湿度大会增加机体的传导散热，使人感到更冷，并易造成冻伤。因此空气湿度过大或过小均对人体不利。正常情况下，空气的相对湿度以 30%～70% 为宜。

另外，空气湿度还会加重污染程度，这是因为水蒸气容易以烟尘微粒为凝结核而形成雾，使有害气体不宜扩散，所以雾天空气污染比较严重，不宜在室外进行锻炼。

（四）太阳光线

在夏季进行体育锻炼时，强烈的阳光可能晒伤皮肤，甚至引发人体中暑。因此，在进行体育锻炼时，应注意防晒避暑，避免在阳光强烈的地方进行体育运动。

阳光中有紫外线和红外线。紫外线带有很大的能量和很强的化学刺激作用，是一种消毒杀菌能力很强的光线。皮肤经它照射后，能提高抗病能力，还能使皮肤里的 7-脱氢胆固醇转变成维生素 D。另外，紫外线还能刺激人体的造血功能，使骨髓产生更多的红细胞，对预防贫血有一定的作用。红外线是产生热作用的射线，对人体起温热作用。它的热能可穿过皮肤深入肌肉组织，使血管扩张，加快血液循环，改善人体的供能，增强物质代谢，同时还可以兴奋神经，使人精神振奋。

三、学生参与校园体育健身的生活卫生

（一）睡眠与健康

睡眠是人们消除疲劳保持身体健康的生理功能之一，是一种重要的生理现象，是人脑和各器官的一种最基本的休息方式。脑组织中存在着一种抑制灶，当抑制灶处于优质状态时，抑制就会向周围弥散，引起大脑皮层的普遍抑制，从而产生睡眠。人处于睡眠状态时，一切感觉功能和生理功能都下降到最低水平，人体似乎与周围环境暂时失去了联系。睡眠时心脏活动减慢，变弱，血压降低，呼吸减慢，尿量减少，体温略有下降，人体的代谢率偏低，整个机体处于调整和恢复状态之中。

一个人每天都要有充足的睡眠。睡眠时间的长短，要根据不同的年龄而定。一般来说，学龄前儿童每天需要 10 小时的睡眠，青少年每天需要 9 小时的睡眠，成年人每天需要 8 小时的睡眠。

睡眠时间长并不等于休息好。衡量睡眠的标准主要是"质",即睡眠深度。像"春眠不觉晓"形容的那样,深沉而恬静,一觉到天亮,才能有效地消除疲劳。如果睡眠质量高,可适当缩短睡眠的时间。

要想提高睡眠的质量,首先要养成良好的生活习惯,每天按时睡觉,按时起床;其次要为睡眠创造良好的条件。卧室要安静,空气要流通,光线宜暗,被子要轻软暖和、清洁卫生,这样有助于入睡。注意睡前不要喝浓茶、咖啡,也不要吸烟,因为这些对大脑都有刺激作用,容易引起兴奋。

长期失眠使人感到很痛苦,也会影响人的健康。引起失眠的原因是多方面的,有些大学生往往是由于学习、上网等过度,打乱了正常的生活规律,影响了睡眠的节奏,致使精神长期处于紧张状态,导致大脑皮层的兴奋与抑制发生紊乱,造成失眠。在这种情况下,必须从调整生活、学习时间安排入手,恢复正常的生活节奏,才能使失眠得到治愈。同时,失眠往往不是一种孤立的症状,还可能与高血压、心脏病、神经衰弱等疾病有关。因此,如果连续几天失眠应及时去医院检查诊治,只要原发病治愈,失眠症状也会随之消失。

为了使睡眠质量提高,在睡前应注意避免过于兴奋,避免进行剧烈的体育锻炼。在睡前应先静心,保持良好的心态,这样才能够更好地进入睡眠状态。

(二)戒除不良嗜好

1. 戒烟

世界卫生组织和各国科学家做了大量的社会调查和科学试验,证明吸烟对健康有很大的危害。吸烟能诱发和加重多种疾病,降低人体的健康水平,甚至缩短人的生命。

吸烟的危害在于,香烟中所含的大量有毒物质会伴随吸烟活动进入人体,侵蚀机体的健康。在这些物质中危害最大的是烟碱、烟焦油和微尘,其中烟碱(尼古丁)是神经系统和血液循环系统的杀手,毒性强烈;而烟焦油则与喉癌、口腔癌、食道癌、胃癌,特别是肺癌关系密切;一支香烟中有几万粒微尘,而吸入大量的微尘,不断刺激气管的黏膜,就会引发咽喉炎、嗓子变哑、咳嗽和支气管炎等症。人在刚开始吸烟时并不适应,会引起胸闷、恶心、头晕等不适,但如果吸烟时间久了,血液中的尼古丁达到一定浓度,就会反复刺激大脑并使各器官产生对尼古丁的依赖。

吸烟不仅害己,还会损人。一些不吸烟的人,如果处于烟雾弥漫的场所,会吸入吸烟者喷出的烟雾,称为被动吸烟,危害也很大。

2. 饮酒切忌过量

酒的主要成分是酒精,也称乙醇,是一种有毒物质,如果大量摄入,会毒害人体的一切细胞，对身体产生破坏作用。

人体的神经系统对酒精极为敏感，有些人饮了少量的酒后，会变得"健谈"起来，这就是中枢神经系统功能失调的初期表现。

酒精对心脏危害较大，长期过量饮酒，会使心脏变性，失去正常的弹力而增大。长期饮啤酒的人，心脏扩大最为明显，医学上称为"啤酒心"。酒精还会使血液中的脂肪物质沉淀在血管壁上，使血管变窄，血压升高，增加心脏的负担。

当然，人们在紧张的学习、工作之余，饮少量的酒，对解除学习和工作的疲劳，促进消化液的分泌，增进食欲是有一定作用的，但切忌过量。

（三）劳逸结合

学习时间长，大脑会出现疲劳现象，学习效率下降，视力也受到影响，这时就需要进行休息和调整。最好的方式是采用积极性的休息，如进行体育活动或散步等。每天保证1小时的锻炼时间，能够提高大脑的反应能力，对保持视力健康也具有积极的意义。

如今电脑逐渐普及，并且其已经成为大学生生活和学习中的标准配置。但是，很多大学生没有养成良好的使用电脑的习惯。很多学生连续几个小时盯着屏幕看，常会感到眼睛疲劳，有时头痛，甚至会使眼睛聚焦困难，看东西模糊；有的由于长时间玩电脑游戏，不但视力受到很大影响，还使大脑长时间处于紧张状态，导致肠胃功能紊乱而影响健康。

（四）运动服装与卫生

在进行体育锻炼时，穿合适的运动服装是非常重要的，并且不同的运动对于服装也会有不同的要求。运动衣要轻便、舒适，夏季以浅色薄运动衣裤为好，冬季在不妨碍运动的前提下，应注意衣服的保暖性。另外，运动服装还应有较强的透气性和吸湿性。还要注意个人的卫生，要勤洗勤换。具体而言应注意以下几个方面的问题。

1. 运动鞋

运动者在选择运动鞋时，应根据自身所从事的运动项目的特点进行选择。很多体育运动都有其专业的运动鞋，如篮球鞋、足球鞋、网球鞋、舞鞋等。这些运动鞋专门针对各个运动项目的特点而设计，能够保证运动锻炼者更好地开展各项体育运动。如果篮球运动者在进行篮球运动锻炼时不穿篮球运动鞋，则在运动时很容易滑倒，并且还可能出现脚部的损伤；另外，篮球运动对于鞋子的磨损也较大，一般的鞋子根本无法满足篮球运动的需求，穿普通的鞋子运动时会很容易损坏。

在选择运动鞋时，一定要试穿，确定鞋子的大小与脚的大小相合，如果过大或过小，都会对体育锻炼造成不利影响。另外，运动鞋应有助于透气、排汗，尽量不要选择橡胶运动鞋。运动鞋也不应太重，避免脚部负担过重。

除了挑选合适的运动鞋之外，还应选择专业的运动袜，运动袜应相对较厚，不仅有利于汗液的吸收，还能够缓冲运动过程中的震动。另外，运动袜还能减少脚部摩擦受伤。

2. 运动衣

运动衣一般要相对较为宽松，在运动过程中使人感觉较为舒服，并且能够有利于血液的循环，保证人体正常代谢物的排泄。如果运动服紧身，则可能不利于汗液的排泄，还可能造成皮肤的擦伤。另外，紧身的衣物也会对人体的肢体和关节具有一定的束缚作用，不利于运动中各种动作的完成。

在运动中，还应注意及时更换衣服，如在天气较凉时进行运动，排汗量增加时应及时去除外套；在运动之后应及时增加衣服（应及时更换被汗水浸透的衣服）。

需要注意的是，很多人认为，穿不透气的衣服进行体育锻炼能够增加人体的排汗量，从而达到减肥的目的。这是一种错误的观点，这会很容易造成人的脱水和中暑，从而给人体带来一定的伤害。

四、女大学生参与校园体育健身活动的体育卫生与保健

女子经常参加校园体育健身活动，不仅可以促进身体的生长发育，增进健康，提高身体各器官和系统的功能水平，使之能更好地胜任对身体要求较高的工作任务，而且还可以使身体各部分的肌肉得到协调均匀地发展。特别是通过体育健身能使腹肌、腰背肌和骨盆底肌的肌肉力量得到增强，这对于其以后妊娠期的身体健康具有积极的作用。

（一）女子参与体育健身的注意事项

青春发育期后，由于男女少年在身体形态与生理机能及素质方面逐渐出现明显的差别，因此，在进行体育健身时，必须要考虑到身体的生理特点，因此提出以下几个方面的体育健身要求。

第一，女子心血管、呼吸系统机能较差，对锻炼的强度、时间及负荷量在运动时需要根据其主观感受确定。

第二，女子肩部较窄，臂力较弱，做悬垂、支撑及大幅度摆动动作较为吃力，在学习这些动作时，要注意循序渐进。

第三，女子身体重心较低、平衡能力较强、柔韧性较好，适宜进行健美操及体操等活动。在锻炼中，应注意保持和发展其柔韧性，有意识、有步骤地使她们加强肩带肌、腹肌、腰背肌和骨盆底肌的锻炼。

第四，女子不宜做过多地从高处跳下的练习，地面不可过硬，并注意落地姿势，以免使身体受到过分震动，影响盆腔脏器的正常位置及骨盆的正常发育。

第五. 通过体育锻炼发展力量、速度和耐力等素质，提高女大学生的健康水平和运动成绩，并且养成长期锻炼的好习惯。

（二）女子月经期的体育卫生

月经是女子正常生理现象，在月经期间，人体一般不出现明显的生理机能变化。因此，月经正常的女子在月经期间，可以参加适当的体育活动，如做广播操、打乒乓球、羽毛球或打排球等活动。通过这些活动，不仅可以改善盆腔的血液循环，减轻盆腔的充血现象，而且运动时腹肌与骨盆底肌的收缩与放松活动对子宫所起的柔和的按摩作用，还有助于经血的排出。此外，丰富多彩的体育活动还可以调节大脑皮层的兴奋和抑制过程，从而减轻全身的不适反应。月经期进行体育锻炼应注意以下几方面的问题。

1. 运动量应相对减少

由于一般人在月经期间身体的反应能力、适应能力和肌肉力量会有所降低，神经调节的准确性及灵活性也有所下降。因此，月经期间运动量的安排要适当减少，活动时间不宜过长。月经期间一般不宜参加比赛，因为比赛时，活动强度较大，精神过于紧张，体力及神经系统都不能适应，易导致卵巢功能失调引起经血过多或月经紊乱。

2. 不宜进行游泳运动

月经期间除应注意经期一般卫生外，还不宜游泳。因为经期子宫内膜脱落后，子宫内形成较大的创面，子宫颈口略为开大，宫腔与阴道口位置对直。此时，人体全身与局部对病菌侵袭的抵抗力下降，游泳时病菌可能侵入内生殖器官，进而引起炎症。此外，月经期间也应避免寒冷刺激，特别是下腹部不应受凉，冷水浴锻炼也应暂停。

3. 不宜进行剧烈运动

月经期间应避免做剧烈的、大强度的或震动大的跑跳动作（如疾跑、跨跳、腾跃、跳高、跳远等），以及使腹内压明显增高的屏气和静力性动作（如推铅球、后倒成桥、收腹、倒立、俯卧撑等），以免子宫受到过大的震动或由于腹内压过于增高而使子宫受压、受推，造成经血过多或引起子宫位置的改变。

4. 不宜进行体育锻炼的女性

对月经紊乱（经量过多、过少或经期不准）以及痛经（经期下腹部疼痛）和患有内生殖器炎症的女生，在经期间应暂停体育活动。

第三节　阳光体育背景下校园体育文化建设路径探索

一、加强大学生校园健身管理和指导工作

根据调查可知，虽然大学生对健身有较好的认知，对健身活动有一定的兴趣，但是他们的健身意识不稳定，兴趣容易发生转移，实际健身行为不太积极，因此，加强领导，建

立并完善校园健身制度和评价体系，统一组织管理和指导工作对大学生校园健身活动的开展显得尤为重要。

强有力的领导班子是推动高校健身文化事业发展的前提，学校可以成立学生健身工作委员会，统一组织和管理学生校园健身活动的开展，使校园各项健身活动有领导、有计划、有组织、有落实。同时，支持学生成立各种健身协会或健身社团，并且为他们的健身活动创造一切有利条件，并提供引导、支持和帮助，使之能顺利开展。

校园健身规章制度是构建校园健身文化的依据。通过制定大学生校园健身的各项规章制度，建立完整的校园健身活动评价体系。把校园健身活动纳入法制化、规范化、科学化的运行轨道。可在学校相关考核条例中，明确学校各部门在健身活动中的基本职责，把学生的健身活动列入学校各部门每学期的工作计划，并制订出相应的实施方案。建立师生合作监测制度，实时动态地监控学生校园健身活动的开展情况和校园健身文化的发展状况，以最先进、最优秀的文化来促进和引导校园健身活动持续发展。同时要完善各种对学生参加健身活动的评价体系，可以通过改革高校体育课成绩评定办法，将原来单纯的技评、达标、终结性评价体系融入体能素质、参加校园健身活动的态度、表现与团队精神等多维内容，以此来提高大学生的校园健身实效。

认真做好大学生健身活动的组织与指导工作。充分发挥高校体育教师团队的专业特长，帮助学生根据自己的具体情况（身体素质、兴趣爱好、时间地点等）确定健身锻炼目标，选择好健身项目、方式和手段，制订好适合自身的健身计划，并付诸实施。建立健身项目现场辅导站和网络指导站，安排学校体育教师帮助学生调整健身计划，对健身活动中出现的各种情况进行科学的分析、指导、帮助，不断强化学生参与健身活动的兴趣，促使其坚持参加健身锻炼，同时也能够吸引更多的人参与其中。

二、积极改善高校校园体育健身环境

从心理学上讲，当大学生已经认识到了健身的意义和作用，对健身产生了较浓厚的兴趣时，他们的健身意识就会处于自觉活跃状态，就会主动利用校园健身资源来满足自己的健身愿望。如果这时学校的健身资源不能满足学生的健身锻炼需要，那么他们健身的主动性将逐渐消退，健身的实效也将大打折扣。调查结果表明，大多数学生都愿意在校园里参加健身锻炼，学校健身资源的短缺，会直接影响到大学生参加健身锻炼的意愿。因此，高校应结合现有条件充分挖掘本校体育健身资源潜力，为大学生开展体育健身活动创造条件。

要争取学校领导对校园健身文化建设的高度重视，为校园健身文化建设提供领导和为体育健身基本建设投入经费。积极改善高校的体育健身设施状况，扩大体育健身活动设施占地面积，建设小型多样的健身场所，增添必要的现代体育健身设施。还可以购置一些健身器材摆放在校园操场上，让学生自取、自用、自放，并提供多种学生感兴趣的健身项目，如攀岩、户外运动、野外生存等项目，来激发学生参与健身的热情，真正把"让"学生健身锻炼变成学生我"要"健身锻炼的现实。

体育教师团队是构建和完善校园健身文化的重要保障。学校体育教师要在不断提高自身业务水平能力的同时，也要注重调整转变知识结构、不断增强知识创新意识，使自身所储备的体育健身内容、方法、手段能满足大学生校园健身需要。同时，要不断深化高校体育课程改革，在认真完成国家规定的课程方案的前提下，积极开发以健身教育为重点的公共选修课程，编写一些有本校特色的健身教育校内教材，向学生传授体育健身知识和方法，逐步形成和完善学校健身教育特色课程和健身教育的课程体系。另外，高校体育课和课外活动时间是学生开展健身活动的主渠道，要充分利用"三课两操"时间开展健身游戏、健身体操和健身舞蹈等系列活动，让学生在活动中学会健身，在健身中丰富文化，并养成健身的良好习惯。

三、努力营造良好的高校校园健身文化氛围

（一）健身文化活动要丰富多样

丰富多样的健身文化活动是构建校园健身文化的核心。学校通过开展"校园健身文化系列活动"，能够加强校园健身文化宣传教育力度，使文化与健身呈现良性互动，这样既可以让大学生对健身文化有一个直接的感性认识和良好的情感体验，也能够让他们进一步了解健身的意义、目的、价值和方法，树立正确的健身观，从而提高大学生的创新能力和艺术欣赏水平。

（二）定期举办校园"健身节"

"健身节"的活动形式可以多样化，既包含健身表演、健身比赛、健身文化宣传教育等，也可以开展一些体育讲座、演讲等。"健身节"不仅要开展各种有趣的健身活动，还要让学生在健身趣味活动中感受到健身锻炼的快乐，并为他们提供一个展示自我和发现自我的平台。另外，还可以利用"健身节"开幕式、闭幕式等大型活动让全校学生和教师参加，也可以让外校师生参加，这样既是全面地展示学校的健身文化生活的一个机会，更是对外宣传学校的一个窗口，通过宣传会让社会更多地了解学校，使校园健身文化形成一定的社会效应。

（三）改革校运会

为了让学生适应日益增长的校园健身文化需求，可以把运动竞赛为主的校运会转变为融健身、竞技、娱乐、艺术、文化活动为一体的现代体育活动。项目编排可结合学生的兴

趣、民族特色、地方特色和传统特色开设一些新的健身体育项目和表演项目，如广播体操、健美操、狮舞、龙灯舞、滚桶、多人多足、篮球等。把现代文化与民族文化、地方文化和传统文化相互交融，使校运会充满文化气息，丰富和促进校园健身文化的发展。

（四）渲染氛围

氛围渲染是校园健身文化发展的必要条件。积极开展以校园健身为主题的各种形式的比赛活动，如"美在健身"绘画比赛、"健身诗歌"征集比赛和"在健身锻炼中成长"征文比赛等。通过比赛活动，让学生把参加健身活动中的精彩瞬间、感人场面和自己在健身活动中的经历、感悟等描绘成画，编织成诗，撰写成文来提升学生对校园健身文化的认识，营造浓厚的校园健身文化氛围。另外，要充分运用学校的网络、报纸、广播和板报等媒体，有目的、有计划地开展宣传活动，提高大学生对健身的认识，树立正确的健身观。另外，可以邀请奥运会获奖运动员来校做报告或讲座等，宣传奥运健儿顽强拼搏的精神，让学生进一步了解奥运精神，并将奥运精神转化为参与健身锻炼的推动力，以实际行动投身到校园健身文化建设中，为构建和谐校园做贡献。

第九章 校园竞技体育文化建设研究

竞技体育文化作为一种文化现象，在现代社会给人们的生活和工作带来了重要影响，而其在传入学校后，成为校园体育文化的重要组成部分，对学校体育的发展及学生的成长也产生了重大的影响。科学建设校园竞技体育文化，可推动竞技体育积极作用的发挥和校园体育文化体系的健全与完善。

第一节 竞技体育文化概论

一、竞技体育

（一）竞技体育的概念

竞技体育指的是运动员以比赛竞争为基本手段，以满足人们审美享受及刺激等需要开展的社会实践。

（二）竞技体育的分类

1. 非正规竞技体育

非正规竞技体育是指运动参加者为达到娱乐休闲目的而进行的带有健身性和游戏性特点的身体活动。尽管这些活动属于非正规的竞技体育，但是与竞技体育相同的是，非正规竞技体育也需要在运动规则的指导下开展，只是这种规则没有竞技体育那样严苛，比较随意，具有临时性。

非正规竞技体育的组织比较松散，运动进行时甚至有时不设裁判员，由双方共同协商处理场上的争议问题。这种运动几乎没有任何功利目的，参与运动的人也不是为了达到一个多么高的技术水平。一般学校班级间的非正式比赛、社区组织的竞赛、大众体育中的初级竞赛活动等都属于非正规竞技体育。

2. 组织化竞技体育

组织化竞技体育的特征为其拥有一个基本的管理组织，为了能够使比赛双方在一个公平的环境下争夺"利益"，于是它有正规的球队、团体和竞赛活动章程、规则，以及有关的组织体系，并提供运动设施、管理人员，在有争议时可以出面仲裁，还为参加者提供训练和比赛的资格和机会，对参加者的合法权益加以维护。这类竞技体育组织一般包括各国各地区体育协会、职业俱乐部、体育运动青年会、大学球队等。

二、竞技体育文化

(一) 竞技体育文化的含义

作为体育文化的重要组成部分，竞技体育文化是奥林匹克运动的核心范畴，包含人本和谐、人与自然的和谐、人与人的和谐和国际社会关系的和谐等内容；体现出公平正义、充满活力和积极乐观向上的拼搏精神。

(二) 竞技体育文化的特征

1. 规则性

竞技体育文化具有规则性特征，主要表现为运动员在比赛进行时要受到各种规则的约束。通常运动员在比赛开始前要了解运动规则，否则就不能对这种特殊游戏的运动进程有所把握。这是物对人的制约，也是主体之间的相互制约。

实际上，竞技体育活动主体的规则性是自我约束机制的产物，是体育不同于其他活动方式的准则，也是体育文化内部多种形态的基础。否则，体育运动就不可能呈现出现在这样的文化形态。

2. 互动性

竞技体育文化与体育文化在很多方面都存在共同点。例如，对于体育文化来说，体育文化是在人与自然，人与人关系的过程中的行为意识、行为方式、行为准则的积淀，这种积淀只有在活动的主体，即人与人在特定条件下的互动中才可以实现，竞技体育同样也是如此。

竞技体育活动主体的互动表现在许多方面，如在集体项目中运动员之间的互动；运动员与观众的互动；观众与观众之间的互动；运动员协会与球迷协会之间的互动等。在各方互动下，时常会出现一定的角色冲突。另外，金牌战略、举国体制、职业化等也是这种互动下的社会适应。在一些体育活动中，活动内容之间的互动使它们在形态上相似而使迁移有了某种可能，可以说是活动的主体在其互动过程中对活动内容认识后的结果。不同的运动形态有其项群特征，表现出一定的相似性，如篮球与橄榄球运动方式之间的关系、橄榄球和足球的关系、乒乓球与网球的关系就体现了这种特点。

3. 选择性

竞技体育文化还具有选择性特征，这主要表现在竞技体育活动主体的选择活动。竞技体育活动的主体在选择上，实际上是人与体育活动双向选择的过程和结果，不同的社会角色从事体育活动有其选择，从另一个角度来说是活动内容对不同角色的选择。这种选择是以活动内容、活动主体和社会角色等为依据而确定的。通常情况下，一般大众很少能接触到诸如高尔夫球或一级方程式赛车等运动，这主要是因为参与这些运动的准备条件较多，一般大众很少能担负起构建这些条件的资金。

由于竞技体育活动主体角色的特殊性，竞技体育活动内容的选择性既取决于内容本身，也取决于主体角色，竞技体育运动员选择的活动内容在形式上体现出高度的专门性，当然有些运动员也具有全面地参与其他运动项目的能力，如飞人乔丹既是篮球高手，同时也是棒球高手。不过这种"兼容"更多地出现在同类运动当中，如有的田径运动员主攻短跑项目，但同时兼顾参加跳远项目等。

在确定竞技体育活动的主体、内容后，与之相适应的是活动方式的选择性。需要指出的是，尽管可能会出现不同社会角色进行同一活动内容，但是活动方式在数量和质量上仍然具有明显差异。对于球类运动而言，运动员的活动方式与大学生参与的体育运动完全不同，尽管大学生参与的体育运动也有一定的竞争、竞技性成分，但是反映这些竞争性、竞技性的方式与过程却是不同的，这与竞技体育运动之间存在明显的差别。

（三）竞技体育文化发展的意义

1. 竞技体育文化对人本和谐的构建

人自身多种功能的协调与良好融合是人本和谐的主要表现，如人的身体健康、心理状态良好、社会适应能力较强，具有正确的人生观、价值观和世界观。此外，人与自然、社会的和谐也是人本和谐的内容。

竞技体育文化对人本和谐的塑造主要体现追求人身心发展的一致性上。其实早在几千年前的古希腊人的思想中就已经存在这种理念了，考古学家曾经在希腊一处峭壁上发现了一句古老的希腊格言："如果你想强壮，跑步吧！如果你想健美，跑步吧！如果你想聪明，跑步吧！"可见古希腊人对体育的热爱以及他们很早就充分认识到健全的精神寓于健全的体魄之中，而且这种对体育运动的意愿远不仅仅是热爱那么简单，他们甚至早已将这种理念融入民族的血液之中并一直流传下来。

另外，《奥林匹克宪章》也进一步解读了竞技体育的人本和谐的含义："奥林匹克主义是将身、心和精神方面的各种品质均衡地结合起来，并使之得到提高的一种人生哲学"。这段话反映出奥运会将对完整而健康的"人"的塑造，促使人们具有健全的心理素质和良好的社会公德，培养全面发展的人看作是竞技体育的精神实质。《奥林匹克宪章》认为如果一名没有良好品德的运动员即便得到再好的名次，也不能得到他人的尊重和敬仰。这就从侧面说明了竞技体育并不仅仅是想要得到在某项运动中拥有登峰造极水平的运动员那么单一和纯粹，它还需要运动员拥有与这种运动水平相匹配的素质。

2. 竞技体育文化对人与自然和谐的构建

人类社会要想平稳、快速地发展，就必须对人与自然之间的关系予以重视，促进人与自然的和谐发展。人与自然的和谐是指既关注人类，又关注自然，实现人与自然携手，生物与非生物共进，过去与现在统一，现在与未来的对话，时间与空间协调。竞技体育与人类任何活动一样，必须依附于一定的自然环境，否则它就无法存在和发展。竞技体育的可持续性发展离不开对自然环境的利用，同时也要在发展的同时保护自然环境，二者必须协调统一。

关于人与自然和谐发展的重要性，近年来已经有越来越多的人认识到在体育发展与保护自然环境中寻找平衡点非常重要且紧迫。我国成功举办北京奥运会后，"绿色奥运"的理念深入人心，对人与自然的和谐发展起到了重要的宣传与推动作用。现代竞技体育中蕴含的"绿色"理念的深层含义不仅在于体育与自然环境的共生与相互关怀，还在于体育在促进人与自然环境的和谐发展中所起的重要作用，体现的是人类在竞技体育中对大自然的关怀与人道主义精神。从这一层面上说，竞技体育文化中所蕴藏和弘扬的"绿色体育""绿色奥运"等理念在很大程度上促进了人与自然的和谐发展。

3. 竞技体育文化对人际关系的构建

人际关系的和谐包括主要是人与人之间处于一种公平、公正的关系中，是在这种关系中每个人享有的权利与义务相同，没有人可以获得特殊化的对待，而且在整体上没有根本性的利益冲突，即便个体之间难免发生某种冲突，在经过沟通和交流后仍旧能达到相互激励、相互促进的人际互动的社会构想。

竞技体育能够顺利发展，根本在于尊重客观和奉行公平、公正的原则，公平捍卫了体育竞赛的秩序与和谐，公平、公正的原则要求竞赛各方在规则面前人人平等。在这一原则下，人或国家的权势和财富被摒弃在竞赛场之外，在场上对阵的双方不论国籍、社会地位和财产，运动员们只以他们的体力和技能参与角逐，比赛判定胜负的唯一标准是运动员在运动场上的成绩，这说明了竞技体育中的人与人之间的平等与和谐的关系。在竞技体育中，利益的分配有章可循有则可依，竞技场上的竞争异常激烈，但都是在一个相对公平的环境下进行的，可以说没有任何一个场合能与之相比。因此说，竞技体育中蕴藏的这种文化内涵对构建人与人之间的和谐具有重要的影响和作用。

4. 竞技体育文化对国际社会关系和谐的构建

古希腊时期举办的奥运会富有非常丰富的文化特点，奥运会是祭祀活动的一个组成部分。因此，为了保持奥运会的神圣感，古希腊各城邦通过协调约定了在奥运会举办期间任何城邦不能发动战争，这就是所谓的"神圣休战"约定。通过这项约定可以看出竞技体育的古老渊源中已经开始显现出了各个政治主体之间和平、友好的基因，至少是拥有这种基因的趋势和意识。竞技体育运动中蕴藏的丰富文化内涵，不仅将攻击性引向有益渠道，而且促进各个国家相互了解，促进民族文化相互交流，促进人类和谐共处。

第二节　校园竞技活动与育人

一、运动教学育人

运动教学育人是把与运动教学有关育人的理论寓于运动教学过程中的竞技教育。运动教学育人不是一个孤立的教育过程。

（一）转变教学思想

1. 教学中心由技术转向人

当前，国内教育改革提出了从以知识为中心向以人为中心转变的教学思想；教育方式也从"应试教育"向"素质教育"转变。因此，竞技教育的教学思想也必须从以提高运动技术水平为中心向以促进全面发展为中心转变。把提高运动技术水平作为促进人的全面发展的载体，努力让学生处理好学会做人与学好技术的关系，这是一项重大的课题。需要注意的是，强调运动教学"以人为本"，强调在运动技术教学中要潜移默化地教育人，这一点非常重要。

2. 教学的主要矛盾由"教"转向"学"

"学"是运动教学的主要矛盾。当前国内教育改革提出，让学生"学会学习"（培养学生获取知识的能力比单纯传递知识更重要）、"学会做人"和"学会做事"的呼声越来越高。因此，在运动教学过程中，教师应"教会"运动员如何学习、做事、做人，学生应"学会"如何学习、做事、做人，这是我国竞技人才后备队伍从"体能型"向"智体型"转变的重要措施。

（二）运动教学育人的内容体系

运动教学育人的内容体系包括理性育人和兴趣育人。

1. 理性育人

运动教学的理性育人是指把传授运动理性知识与育人相结合的教育方式。首先，要把专项的人文教育与实践教学结合起来。例如，足球专项理论教学要讲贝利做人的情怀和中国容志行的人文精神；排球要讲中国"女排精神"；乒乓球和体操要讲中国乒乓球队和中国体操队制胜的人文精神，以此教育学生学会做人、学会竞技。

其次，在重视专项运动理论教学的同时，还要加强对学生运动队伍基本素质的教育，包括政治素质、文化素质、身心素质和就业素质等。提高其基本素质可以为其今后"做人、竞技、就业"打好基础。

2. 兴趣育人

运动教学的兴趣育人是指在运动教学中，把培养学生的学习兴趣与掌握技术有机结合起来进行育人的方式。青少年后备人才高超的运动技术是在枯燥的教学与训练中千锤百炼而形成的。所以,在长期且艰苦的运动教学中培养学生的学习兴趣十分重要。如果学生在没有兴趣的条件下完全靠毅力来学习是很难的。在兴趣的驱使下,即使学习起来有困难,也能坚持完成。因为毅力受辖于"超我",要靠外在的要求支配内在力量,它需要调动相当大的心理能量来维持。所以,毅力的生成和维系都是较困难的。然而,兴趣受辖于"本我",是带有一种自然和原始色彩的内在力量,故有强烈的冲动性以及亟待满足的驱动性。因而,兴趣对于完成一项工作比毅力有着更大的爆发力和推动作用。然而,兴趣正因其源头是人的内部心理需求,所以,断了源就没有能量了,而毅力因源头是人们的外在的心理需求,可不断从外部输入能量,因此毅力比兴趣的持续性更大。这也是人们为什么会重毅力而忽略兴趣的主要原因。但是,值得我们注意的是,当兴趣处于持续不间断的状态时,兴趣对成功的贡献要远远超过毅力。因为毅力是"苦在其中",兴趣是"乐在其中"。因此,在运动教学中,在培养学生毅力的同时,要注重培养学生的学习兴趣。

（三）运动教学育人的方法

运动教学的育人法是在教学过程中,教练员潜移默化地把教技术和育人有机结合起来的育人方法。其特点是把授技和育人结合起来,即把运动技术教学作为育人的载体。运动教学的育人法主要有以下两种。

1. 讨论法

教学课后,师生通过讨论有关教学中遇到的问题,让学生充分发表自己的意见,培养其民主意识。这样,真正把教技术和育人结合起来。运用讨论法时需注意以下两点。

首先,在讨论前,教师应有准备,要积极引导学生发表个人意见,同时也应正确对待他人的不同意见,使讨论能够在民主和谐的气氛中进行,从而培养师生的民主意识。

其次,在讨论后,教师要有小结,要肯定正确的意见,引导不足的地方,使以后的讨论能够在和谐的氛围中进行。

2. 互助法

互助法是教师主动为学生设计的通过他们之间相互帮助才能完成动作的学习方法。其方法既有利于纠正错误动作和完成高难度动作,又有利于培养学生团结协作的意识。运用互助法应注意以下两个问题。

第一,要把握好时机。

第二,注意安全。通过帮助保护完成高难技术动作,要十分注意避免伤害事故的发生。

二、运动训练育人

运动训练育人是将与运动训练有关的育人理论和措施寓于训练全过程中的竞技教育。

过去，人们认为提高运动成绩是运动训练的核心，这个观点比较片面。提高运动技术水平和运动成绩是在运动训练过程中产生的现象，而真正决定二者提高的是从事运动的人的发展。如果人的综合素质得到提高了，那么其运动成绩才有可能得到长期、稳定的提高。因此，在运动训练过程中，对待育人与授技应一视同仁，不能偏重一方而忽视另一方。

（一）运动训练育人的特点

运动训练中的育人既与过去的政治说教不同，也不能与德育完全等同，其有自身的特点。

1. 寓教于训

运动训练的育人过程不是一个完全独立的过程，它是将做人的教育寓于运动训练整个过程之中的潜移默化的教育活动。

2. 民主育人

现代运动训练绝不像过去那样把运动员视为单向接受运动刺激的客体。科学、民主的运动训练倡导教练员和运动员双向交流、坦诚相见、共同解决问题。

3. 管教结合

许多高水平的教练员认为，运动队育人的主要特征是半军事化的管理和民主教育方式的结合。因为运动训练长期而艰苦，这就决定了必须采取严格的、管教结合的方式来育人。

（二）运动训练育人的内容

1. 教练员的自我完善

高水平的教练员主要有两种类型，一是智能型的，如国家游泳队的教练员不但文化层次高，专业理论水平和思想境界也较高，更重要的是他们有深刻认识自己、正确认识队员以及自我完善的能力。二是体能型的，这种类型的教练员有着很强的运动技能和战术训练指导能力。因此，要提高运动队伍的整体水平，需努力提高教练员的文化水准和专业素质以及思想道德素质，以便其不断认识自己、改造自己、完善自己，进而对高素质的运动员进行培养。实践证明，一个高水平的教练员必须要具备能力本位的意识、育苗意识、言传身教意识、创新意识四种意识。

2. 运动员的自我完善

运动员自我完善的核心是在自我认识的基础上进行自我完善。自我认识包括对自身自然属性和社会属性的认识。

运动员对自身社会属性的认识，主要是指他们要充分认识人的本质是一切社会关系的总和。具体说，人是自然与社会、心理与文化的统一。运动员不是生存在真空中或独立于运动场中的"特殊公民"，而是生活在社会群体中的个体。人通过"文化"体现了他的本质，与动物有了区别。因此，生活在社会群体中的个体必须要通过文化改变人，并以各种措施对各种人际关系进行协调，以促进个体和整体生存和发展环境的优化。这是决定运动员发展的一个重要环节。

第三节　我国高校体育竞技人才培养模式构建

一、高校竞技体育人才培养新模式构建的指导思想

（一）以人为本

培养优秀的体育人才，以人为本是根本保障，它与目前我国高校发展的科学化走向以及学生运动员发展的主体化和个性化趋势是相符的。只有坚持以人为本的科学发展观，从培养理念、培养目标和培养途径等全方位实现创新，高校的体育人才培养才能取得良好的效果。培养我国高校竞技体育人才，贯彻以人为本，需要注意以下两点内容。

首先，要把人才的成长放在首位，彻底解决只为提升运动成绩而忽视文化教育的现象，充分挖掘优秀学生运动员的各种潜力，尽可能满足运动员成长所需的环境，为运动员实现综合文化素质的协调发展和社会适应能力的最大化而努力。

其次，要做到加强实践育人，提高学生运动员思想政治教育工作的针对性和实效性，重视他们的全面发展，增强其自信心，满足其成长需要，实现人人成才的目标。

（二）人才需求多元化

随着市场经济的不断发展，社会对人才的价值期望和需求结构也发生了巨大的变化，社会各部门对人才需求呈现多样化的趋势，这就需要人才培养模式也要多元化。高校单一化的人才培养目标早已不能适应社会发展的需要，与多样化的社会需求之间存在着矛盾；为适应社会对人才的多元化需求，高校必须在培养专才的同时，也注重培养复合型人才。所以，我国高校竞技体育人才的培养需要多元化主体的共同参与，如体育部门、学校、企业、社区、俱乐部等主体。

（三）与时俱进

时代的发展召唤着高校要尽快将社会需要的高技能、高素质人才培养出来。我国高校竞技体育人才培养模式的教育理念应紧跟时代的发展，围绕培养对象、培养目标和培养途径等核心问题不断创新高技能人才培养教育理念。我国高校竞技体育人才培养模式也应与时俱进，培养出三高型竞技体育人才——"高文化、高修养、高技能"。

（四）注重运动员职业生涯发展

在运动员的一生中，运动员只是他们在某个发展阶段的身份，其退役后的去向及发展

同样会影响他们的人生。但在我国高校竞技体育人才培养的现实中，更多的是将运动员获得的奖牌数作为衡量学生运动员及其培养单位是否优秀的标准。而对于学生运动员退役后的职业生涯发展并没有过多地关注，以至于他们在退役后从事其他职业的机会较少，这必会制约我国高校竞技体育人才的可持续发展。因此，高校在对学生运动员进行专业技能训练的同时，还要着眼于运动员的未来，要有能够促进运动员长远发展的运作机制，即不断建立并完善相应的服务机制，帮助学生运动员对专业训练与文化知识学习之间的关系进行正确处理，从而将学训矛盾解决好，为运动员退役后的发展做准备。

二、高校竞技体育人才培养新模式构建的要素

（一）培养理念

高校竞技体育人才的培养理念包括以人为本理念、全面发展理念和人文、科学、创新相统一的理念。我国高校竞技体育人才培养理念包括两个层面的教育理念，即中观（培养主体）层面与微观（运动队、运动员个体）层面，这些理念也就是培养主体关于人才培养的本质特征、目标价值、职能任务和活动原则等的理性认识，以及对人才培养的理想追求和所形成的各种具体的教育观念。人才培养理念旨在对"高校中的竞技体育人才应该是怎样的及应该如何培养"等问题予以回答。

（二）培养目标

培养目标是人才培养的标准和要求，是人才培养模式构建的核心，对人才培养活动具有调控、规范和导向作用。高校竞技体育人才的培养可朝着以下两个方向的目标发展。

1．确立全面发展的人才培养目标

衡量优秀运动员的素质及水平时，是否拥有高水平运动能力或取得出色的运动成绩并不是唯一标准，还要看其是否拥有较高的文化素质和完美的修养和人格。在我国高校竞技体育人才培养过程中，运动员除了要进行运动训练以使自己拥有高水平运动技能之外，还必须同时接受文化素质教育，以使最终培养出的体育人才既具有高水平的运动技能，又具有良好的科学文化素质和人文素养。在运动员的就业指导上坚持"授人以渔，而非授人以鱼"，使他们能够在运动生涯结束后在其他领域发挥自己的价值，获得良好的发展。

2．确立多渠道、多样化的多元人才培养目标

在政府支持、学校领导重视的情况下，我国高校竞技体育人才培养的运作机制得以顺利实施，但无法真正发挥社会体育资源的作用和价值。随着我国市场经济体制的逐步完善以及高校竞技体育的发展，必须打破较为单一的人才培养方式。近几年，"清华模式""北理工模式""南体模式"等的成功范例证实了我国高校多样化、多元化培养竞技体育人才的可行性。除了体育部门和企业与高校联合培养竞技体育人才之外，体育俱乐部可以看作是立于学校体育教育基础上的青少年体育运动发展的初级阶段，通过与高校的密切合作，可为高校的体育人才提供各种机会，让他们参与一切体育健身活动。我国广泛开展社区体

育活动为体育运动的普及打下了良好的基础，同时也为高校运动员的发展提供了优质的"土壤"。因此，我国应采用多种渠道，综合高校、企业、俱乐部、社区等多种机构的优势资源来培养高校竞技体育人才。

（三）培养过程

培养过程是培养理念的重要组成部分，是实现培养目标的过程，是为实现一定的人才培养目标而实施的一系列人才培养活动的过程。具体来说，培养过程就是培养方式与培养措施的有机结合。高校竞技体育人才的培养过程是为实现竞技体育人才培养目标、按照一定的竞技体育人才培养规律和培养要求而制订的一系列人才培养规划和计划，以及采取的一系列途径、方法手段的总称，是对培养方案的具体实践。各个高校应在培养人才的过程中遵循以人为本和全面发展的总体原则，从高校培养竞技体育人才的现实情况出发对相应的调整方案进行制订，将多渠道、多方面的力量调动起来做好高校基地多元化培养工作。

（四）培养制度

制度即人们要一同遵守的规章或准则。人才培养之所以能够持续长久，其原因就是相关规章制度可以规范人才培养的活动，只有将人才培养制度化，人才培养模式才能够有机形成和发展。高校基地多元化培养模式要想长期稳定地发展并在实践中持续发挥作用，就必须制定相应的培养制度，具体如下。

第一，从宏观、中观、微观等角度完善体育竞赛体制，落实高校竞赛制度。

第二，制定教练员定期培训政策。

第三，设立高校高水平体育人才奖学金制度等。

（五）评价机制

在高校竞技体育人才培养的整个过程中都贯穿着评价机制的环节，它通过收集人才培养过程中各方面的信息，依据一定的标准对人才培养的质量与效益，运用评价技术，做出客观衡量和科学判断，并严格监控培养目标、培养制度、培养过程，以便及时做出调节。

对高校竞技体育人才培养质量进行评价，可以从校内和校外两个方面进行，校内评价侧重于高校人才培养目标的实现程度，校外评价（社会评价）侧重于人才培养是否与社会发展大环境的需要相符。在人才培养评价过程中，要将二者有机结合起来，通过社会评价来使学校评价中的不足得到弥补。高校基地多元化人才的培养是一项系统工程，要充分发挥学校内部的教育评价机制以及社会评估的合力作用，就要通过改革教育评价机制和建立社会评估制度，加强科学督导，保证多元化人才的培养质量。

三、高校竞技体育人才培养新模式的理论模型构建

（一）我国高校竞技体育人才培养新模式的提出

我国培养竞技体育人才基本上依赖体育系统。但当前我国竞技体育的发展理念和模式发生了转变，教育资源和以职业体育俱乐部为主的其他社会体育资源使社会高度关注竞技

体育的发展，它积极推动了竞技体育人才的培养，也是高校提出竞技体育人才多元化培养模式的现实基础。现阶段，高校竞技体育人才培养模式已经从过去由体育资源独家包办的单一发展格局，逐步转变为由以教育资源为主，体育资源、企业、俱乐部等资源为辅的其他体育社会团体等多家参与的多元化格局，即高校基地多元化培养模式。该模式具有以下几个特征。

首先，该模式强调学校教育对于高校竞技体育人才的关键作用，创新人才培养模式，使学校在培养体育人才过程中起主要作用，并充分利用好学校资源，进行科学的训练，不断提高训练水平，同时加强文化教育的力度，以促进高校培养高质量的竞技体育人才。

其次，在有关企业和职业体育俱乐部中加强对竞技体育人才培养的投入力度，并发挥其对学生运动员未来职业转化的启蒙作用。

最后，结合、整合各方面的资源，达到双赢、共赢乃至多赢的目标。

（二）高校基地多元化培养模式的构建

高校基地多元化培养模式是有关学者在现阶段关于高校培养高水平竞技体育人才的理论尝试，它是在结合了"体教结合模式""一条龙模式""校企结合模式"等模式的特点，并将各方面资源因素综合起来的基础上而建立的，是新形势下培养全面发展的竞技体育人才的新尝试。高校基地多元化培养模式是以高校为基地，横向可与体育系统、社会企事业单位等合作，纵向可与中小学衔接（纵向上还可延伸到研究生教育阶段），是一种能全方位、全系统培养高文化、高修养（素质）、高技能的竞技体育人才的新模式。

1. 高校基地多元化培养模式构建的要素

（1）培养理念

该模式以高校这一教育资源为根本基地培养竞技体育人才，结合多个体育相关部门，整合社会上有利于培养竞技体育人才的各种资源，一切为运动员全面长期发展的利益着想，以培养出符合时代发展的新型竞技体育人才。

（2）培养目标

该模式旨在使运动员既具备高水平的竞技体育水平，又要有基本的高等教育文化知识素养，以高校教育资源为主体，综合社会上可以利用的相关体育资源、社会资源、市场资源等，培养多样化发展的竞技体育人才。

（3）培养过程

在该模式中，由于国家政策的引导，普通高等院校开设学生需要普及学习的文化课程，体育俱乐部等体育系统部门为运动员提供科学的训练计划并加以合理的、系统的训练，此外，企业等社会资源为学生运动员参加比赛提供一定的经费保障，全面营造有助于学生运动员成长和发展的学习、训练环境。

（4）培养制度

该模式采用多元化方式，综合现阶段施行的有借鉴价值的多种培养模式完善相关培养体制与机制，以不断促进我国高校体育事业可持续健康发展。

2. 高校基地多元化培养模式的结构分析

从具体构成方面来说，高校基地模式可以简化为"1+X"模式。下面主要从中（宏）观层次与微观层次上解析这一模式。

（1）中（宏）观层次

从中（宏）观层次上讲，"1"是指高校，全面发展的竞技体育人才的培养离不开具有浓厚文化学习氛围的高校，除了要提升运动技能，文化水平的提高也必不可少；"X"是指有助于竞技体育水平提高的众多体育资源和社会资源，包括体育部门、企业、俱乐部、社区等，这些组织与高校的合作可以弥补高校在体育设施、训练、经费等方面的不足，用以培养全面发展的竞技体育人才。

（2）微观层次面

从微观层次面来讲，"1"是指运动员的文化专业，作为大学生第一身份首先必须学好文化课而作为全面发展的综合型体育人才，高校竞技体育人才不仅要具备相应的竞技水平，更应注重文化素质水平的提高，以防止出现运动员退役后就业困难和社会地位较低的情况；"X"是指运动员的体育专项技能、素质和素养。作为高校的一名学生，其第二身份是运动员，竞技体育水平代表其作为运动员的基本能力，在自己的体育专项中，保持较高层次的运动水平是基础，同时还要必须具备一定的品质、教养和个人修养，即实现"三高型"人才培养目标。

高校基地多元化模式是一种以学校培养为中心的多渠道的人才培养模式。在这种多元化的模式中，学校培养、体育部门培养、企业培养、俱乐部培养以及社区培养模式相互补充、相辅相成、相互联系。

第四节　学校竞技体育与校园体育文化在多层面上的互动发展

一、学校竞技体育与校园体育文化在物质层面上的互动发展

（一）学校竞技体育的开展促进了校园体育物质文化的发展

1. 体育场馆增加了校园体育文化的物质基础

体育场馆设施是学校竞技体育开展的基本保障，没有良好的体育场馆设施，竞技体育活动将很难开展。现代运动训练实践表明，先进的训练设施、完善的器械设备、专项化的训练手段是现代运动训练所必需的，同时也是获取训练效果、保证运动成绩的一个必备条件。因此，学校开展竞技体育首先要考虑训练及竞赛所需的体育场馆设施能否得到良好的

供应。

学校体育的发展现状直接从该校的体育设施建设状况中反映出来。近年来各级学校注重体育馆的建设，而体育馆的建设需要财力支持，体育馆的增加说明学校非常重视校园体育的发展。体育场馆的增加一方面可以满足学校体育教学的需要，另一方面也能够满足学校体育竞赛发展的需要，同时也是学校树立品牌、提高竞争力的需要。

2. 竞技体育的赛场象征性文化促进了校园体育文化的丰富

有这样一种文化现象，它们介于物质文化和非物质文化之间，但无法准确将其纳入其中，如某些团体和旗帜、徽标、口号，某些具有暗示、纪念、象征意义的建筑、工艺及手工制品等，我们将这类文化称为象征性文化。一所学校的体育象征性文化体现着其整体的体育运动形象，这种文化包括了我们所能看到的队旗、徽章、吉祥物、代表色等，还包含了代表队所拥有的昵称、队歌、赛场口号等。学校竞技体育的发展要想创造出自己的品牌，彰显校园体育文化的特色，就必须注重以品牌文化作为自身发展的理念，在旗帜、吉祥物等设计方面体现出大学生团结协作、积极进取、敢于创新的精神风貌。

（二）校园体育物质文化为开展学校竞技体育营造氛围

比格曾说："学生的个人心理行为是由其所生活的环境决定的，处在外部环境中的事物如果不能够引起个人的注意并且加以相互作用，那它就不能对学生的个人心理和行为产生影响，如果外部环境中的事物一旦被注意并且与个人发生相互作用，那么就会形成个人的生活空间，并且影响个人的心理行为。"作为校园中的一个个体，学生对校园生活环境必然会有所需求，通常学生的这种心理需求有基础类和高级类两种类型。基础的心理活动包括感知觉、记忆、认知、判断等，高级的心理活动主要包括个人的心境、情绪、意志以及审美等。

在学校各种设施中，图书馆和体育馆一般来说是学生利用率最高的设施，由此我们可以看出学校体育场馆大大影响了学生的个人行为。通常一般学生对于体育场馆最直接的印象就是外观形状。体育场馆周围的"拼瓷"运动墙画，竖立在校园里的体育名人雕塑，以及让学生及时了解体育竞赛等信息的海报、宣传栏、电子屏等，这些体育设施不管在其自身内容还是由此延伸出的文化内涵，都可以对学生思想、心理和行为产生一定的影响，具有良好的教育、熏陶和启迪作用。

二、学校竞技体育与校园体育文化在精神层面上的互动发展

（一）学校竞技体育对校园体育精神文化的影响

文化主要分物质文化、精神文化和制度文化三个层次。在这三个层次当中，精神文化是核心，其以价值为灵魂，而一个人的价值观又是其行为的出发点，行为同样也是价值观

的外在体现。由此我们得出，决定人的行为的不是物质文化，也不是制度文化，而是精神文化。

1. 竞技体育的精神价值

学校竞技体育对于学生的教育主要表现在爱国主义、集体主义、体育精神的传播以及学校精神的宣传四个方面，学生对竞技体育的认识水平越高，就越能够为竞技体育活动的开展奠定良好的基础。

在观看大型比赛时，首先会演奏国歌，升国旗，这对于运动员和观众来说都是一次良好的爱国主义教育。学生运动员在这种环境下所受到的教育意义会更大，尤其是当他们走向世界，在异国他乡的领奖台上听到奏响的国歌时，他们的荣誉感与使命感油然而生，这就培养了学生运动员为国争光的精神，而这种精神也会慢慢转移到普通学生身上，他们也为这种体育精神而感到振奋，最终这种体育精神也会成为学生不断前进的动力。

2. 竞技体育的开展效应

奥林匹克运动中"更快、更高、更强"的格言是运动员体育生涯中不灭的意志，它时刻激励运动员奋发向上、敢于超越，不断追求更高的目标，不断克服艰难险阻，用辛勤的汗水去获取一次次的超越。而这种精神同样时刻熏陶着周围的每个人，给人以不抛弃、不放弃的人生启迪。奥林匹克精神是一种相互理解、友谊、团结、公平竞争的精神。学校开展竞技体育对于学生树立和培养健全的人格有重要的作用，学生通过观看高校竞技比赛，用心体会赛场上运动员所体现出的体育精神，不仅能够提高体育兴趣，促进人际交流，还能够使其树立新的体育态度，改变其精神面貌，使其心理素质水平不断提高和完善。

（二）校园体育精神文化对学校竞技体育的影响

校园体育精神文化是在各种条件都具备的情况下，且需要经过长时间的酝酿才能够慢慢形成的，一旦形成将会长时间潜移默化地影响校园的各种事物。精神和思想是人的行为的根本出发点，它的好与不好将直接影响到人这个主体的行为结果。如果校园体育精神文化有良好的建设和发展，那么就说明作为校园主体的人在体育情感、体育观念、体育思想等方面有良好的发展，而且这种精神的直接体现就表现在校园人的行为方面，这所学校的校园体育活动也会有良好的开展。

校园体育精神直接影响校园人的体育价值观、体育思想、体育行为，校园是社会各种人才的聚集地，校园体育能够帮助他们树立正确的体育价值观，尤其是学校的领导，他们的思想及观念将直接对学校体育的发展起到主导作用，校园体育精神文化的形成可以使学校领导对学校体育的发展更加重视，学校竞技体育作为校园体育的重要组成部分，必定会受到重视，而且学校竞技体育作为学校体育发展的排头兵，可直接推动整个学校的发展。学校竞技体育的良好发展可以为学校获得荣誉，为学校发展起到积极的推广作用，而且还可以形成自身的校园特色，为学生的学习生活增色添彩。

三、学校竞技体育与校园体育文化在制度、行为层面上的互动发展

（一）学校竞技体育与校园体育制度文化

建立健全校园体育制度非常重要。一方面，它所面对的大都是尚未进入社会的在校学生，一个健全的规章制度可以有效约束学生的个人行为，使其养成规范的个人行为，并且对他们的情感、智力、人生观、价值观等起到很好的指导作用；另一方面，完善校园体育制度文化，可以使学校的各项体育工作更加具有计划性、合理性，处理和解决问题时能够有规可依。

我国各高校基本遵守国家下发的成文规章制度，以确保高校各种体育竞赛工作的有序进行。因此，学校应不断完善校园体育制度，使校园体育向着规范化、制度化的方向发展与进步。

（二）学校竞技体育与校园体育行为文化

学校竞技体育通过各种赛事从各方面对校园体育文化的行为产生影响，赛事影响力、运动员的榜样性等都会从不同的细微方面影响校园体育行为。因为学校的高水平运动员代表着学校竞技体育的水平，他们通过自身的行为不断传递和推广学校竞技体育的功能，对校园体育的行为产生直接作用。高水平运动员通过与校园内各个不同群体之间的交流，可以改变一些人的体育观念、提高他们自身的技术水平，使更多的人群参与到体育活动中来，从而对周围人群产生行为上的影响。

四、学校竞技体育与校园体育文化的整体性协调发展

学校竞技体育是校园体育的重要组成部分，竞技体育的发展能够促进独具特色的校园体育文化的形成，促进校园体育文化的发展。校园体育文化建设是学校文化建设的重要组成部分，不仅能对学生具有"显性"教育作用，而且还具有"潜移默化"的"隐性"教育作用。学校竞技体育与校园体育文化两者之间良性的互动、互促，不仅能够促进二者的发展，而且对整个校园文化，对在校的每个学生都有积极作用。学校体育不仅仅是技能的传授，更重要的是促进学生体育价值观、人生价值观的形成。调查发现，当前我国各级学校竞技体育与校园体育文化之间并没有形成有效的互动关系，这在一定程度上制约了二者的发展。

（一）学校竞技体育对校园体育文化建设的积极影响

围绕学校竞技体育的开展，可通过以下三个方面对校园体育文化建设产生积极影响。

第一，学校竞技体育是我国竞技体育未来发展的一个重要趋势，这是一个慢慢转化的

过程，竞技体育想要在学校中开展，首先就得具备相应的物质条件，这是基础保障，而体育场馆则是这些基础条件中的首要条件。在学校内修建体育场馆设施不仅能够使高强度的训练需要得到满足，而且有利于促进体育教学、体育科研以及课余体育活动的发展，也极大地丰富了校园体育物质基础，美化了校园体育环境。

第二，学校竞技体育的开展必须要有相关的规章制度，如运动队从招生、训练到比赛都要有相应的制度，还要有教练员的管理等，这些规章制度对建设和完善校园体育制度文化具有重要的意义。

第三，学校竞技体育与学校的一般课余体育不同，它具有学校体育所缺少的特性。竞技体育的竞争性很强，在比赛的过程中运动员所表现出来的团结协作、不放弃精神深深感染着身边的观众，从而使他们养成正确的人生观、价值观，并且在校园内也会形成良好的体育文化氛围。

（二）校园体育文化建设对学校竞技体育发展的积极影响

校园体育文化包含物质文化、精神文化和行为制度文化，校园体育文化的建设主要从这三个方面展开，在建设过程中，它的各个方面都会相应地影响学校竞技体育的发展。

第一，学校体育场馆、设施、体育标识是校园体育物质文化的重要内容，它的发展会对学校竞技体育产生直接影响。其中，体育场馆的构建都受到学校的高度重视，从外观设计到其综合利用价值都会考虑在内，有些学校的场馆建筑已经成为师生津津乐道的标志性建筑物，而所有这些物质基础的建设都为学校竞技体育的开展提供了基本物质保障。

第二，校园体育制度是校内各种体育行为和体育事务实施和开展的基本准则。相关的体育制度能够对校园内的各种主体行为进行规范和约束，保障各项体育事各有序进行。学校竞技体育的开展离不开这些体育规章制度，运动员招生、教练员聘用、训练竞赛奖惩等都需要参考相应的规章制度，所以校园体育制度文化的建设与完善有力保障了竞技体育在学校的开展。

第三，校园体育精神文化是整个校园文化的核心部分，它的形成需要一个漫长的过程，而且一旦形成将会长期存在。校园体育精神以体育价值观为灵魂，而体育行为是体育价值观最直接的表现形式。良好的体育精神能够使学生不断受到激励，敢于拼搏，从而培养其团结协作的精神，这对竞技比赛产生了很好的导向作用。

第十章　校园体育艺术文化建设研究

在校园体育文化体系中，体育艺术文化是非常重要的组成部分，建设体育艺术文化有利于培养学生的审美观、体育情感，使学生视野开阔，形成健康的体育审美观，进而提高学生的体育素养。

第一节　校园体育文化与艺术元素的融合

一、校园体育文化与艺术元素的关系

（一）关于体育与艺术关系的探讨

随着社会的进步，体育与艺术之间的关系受到了体育专家与学者的普遍关注，目前关于这方面的观点主要有以下几种。

1. 观点一

以卢元镇、孙会山、寇永俊等为代表的学者认为，体育与艺术存在着密切联系，但两者不能相互融合。随着体育的现代化发展，人们的审美意识有了很大的增强，体育也借助艺术来丰富自己的内涵，强化自己的功能，美化自己的形式，从而有了更大的魅力。体育以身体运动为媒介和手段，增强人的体质是体育的基本目标，也是体育的主要任务和重中之重的功能，艺术则是通过塑造形象具体地反映社会生活，满足人们精神需求的意识形态。

2. 观点二

以曲健、杜红燕等为代表的学者认为，体育与艺术广泛融合。随着现代技术的快速发展，体育和艺术在各自的发展中相互靠近、接近，直至相互汇合，形成了体育与艺术相互渗透的广大领域。体育文化和艺术文化都是社会文化的重要组成部分，因二者目的指向不同而成为两种不同性质的类型，随着社会的发展，二者有了相互融合的趋势。

3. 观点三

以金文轩、胡飞燕等为代表的学者认为，体育与艺术既有联系又有区别。体育运动是以人的身体为媒介、运动为手段，增强体质、发展身体形态、陶冶情操为目的。而艺术是以物质材料为媒介，以抽象、概括社会生活为手段，表达思想情感、满足审美需要为目的。从所要达到的目的来看，二者之间有"审美与娱乐"的共同点，它们是教育的组成部

分。从体育与艺术相互渗透的结果来看，将出现体育艺术和艺术体育两个新型的门类。从广义上来说，体育就是艺术，而艺术是体育运动的组成部分。从运用的物质材料及手段来看，二者在根本上就有不同。

（二）校园体育文化与艺术元素关系的表现

综观上述三种代表性观点，我们认为，体育与艺术存在必然的联系，如此来看，校园体育文化与体育领域中艺术元素也存在必然的联系。主要表现在以下三个方面。

第一，校园体育运动本身的艺术性。

第二，校园体育场馆、体育雕塑、体育文学、体育舞蹈、体育绘画、体育摄影、体育音乐、体育设施等的艺术性。

第三，校园体育运动在各类艺术中的再现。艺术元素与体育的融合丰富了校园体育文化的内涵和学生生活文化的水平，拓展了体育科学研究的领域。因此，在校园体育文化体系中，艺术元素也是非常重要的组成部分。

二、校园体育文化与艺术元素融合的特征

（一）欣赏体育的艺术，体会艺术的体育特征

艺术的体育可以对学生的审美观、体育情感进行培养，使学生开阔视野，形成健康的体育审美观。

（二）与学校办学理念耦合的教育性特征

将艺术元素植入校园体育文化中，如奥运雕塑艺术：《走向世界》《掷铁饼者》《奥林匹克》《奥林匹克之门》《千钧一箭》《奥林匹克激情》《胜利的欢呼》，奥运文学艺术：《奥林匹克颂诗》《奥运会之歌》《体育颂》《奥运竞技》《走向奥运会之神》《众神的赞美》等。奥林匹克精神就是相互了解、友谊、团结和公平竞争的精神，这与学校的办学理念是相一致的。

（三）服务于广大师生健身的特征

校园体育文化建设的主体是广大师生，同时师生也是最受影响的群体。广大师生是改造校园体育文化发展的原动力。校园体育文化与艺术元素融合是为了满足广大师生的需求。因此，在建设体育场馆时，应突出设施的典雅大方，造型、色彩要符合学校整体风格，甚至有些体育场馆可以是学校的标志性建筑。

（四）有管理体制正能量保障的特征

从校级、院级（系级）、班级，可层层抓落实，形成全校上下齐抓共管的管理体制，推动学校体育工作有序进行，为促进学生全面发展发挥正能量。

（五）高素质人才"操盘"的特征

体育教师承担着文化教学、科学研究、课外活动辅导和学生社团指导等工作任务，他

们是校园体育文化建设的主力军。建设高水平、高质量的校园体育文化，也是《国家中长期教育改革和发展规划纲要（2010—2020 年）》的内在要求，体育教师在建设校园精神文明和培养高素质人才方面发挥着重要的作用。

（六）创新发展的竞技性特征

在校园体育文化建设中，可开展健美操、花样滑冰、艺术体操、体操、花样游泳、跳水、体育舞蹈等流行时尚和充满青春活力的艺术多元化运动项目，这些艺术多元化运动项目给校园体育文化注入了时代气息。

三、校园体育文化与艺术元素融合的原则

（一）以人为本

师生是校园体育文化建设的主体，因此建设中必须以师生为本，从师生实际出发，满足师生所需，提高他们参加健身活动的积极性。

（二）体育精神融入育人体系

体育精神在学生中发扬光大，既体现着一个民族拼搏进取的精神风貌，又能够培养学生不怕困难、团结协作、积极进取的精神，同时也能够培养学生健全的人格。

（三）因地制宜

一切从实际出发，具体情况具体分析，依照学校的地形、地貌、山体、水势等自然条件规划、建设和改造校园体育环境，使师生在优美的环境中健身与学习。

（四）弘扬主旋律，注重多元化

主旋律就是在学校大力推进师生全民健身活动，以增强体质为中心任务，开展的形式多样化，开展的项目多元化。

（五）传承与创新结合，渐进发展

校园体育文化建设是一个循序渐进的过程，校园体育文化的发展是不同时期所产生的必然变化。我们继承与传承体育文化中的优秀部分，并加以创新，增添新的富有活力和创造力的元素，可推动校园体育文化创新，而创新是建立在我们继承、传承校园体育文化的基础上的。

四、校园体育文化与艺术元素融合的主要内容

（一）体育理念与"健康第一"观念的植入

体育理念是在体育价值观的基础上，对体育理论化、系统化、综合化的认识。在现代体育发展中，体育理念的导向和规范作用非常重要，是一种内在的驱动力。早在 20 世纪末，《中共中央国务院关于深化教育改革全面推进素质教育的决定》就提出"学校教育要树立健康第一的指导思想"。

（二）体育设施优化与体育环境美化的植入

在体育场馆、体育场地、体育器材等硬件设施的建设中以及在改造校园自然环境中，我们应从长远考虑，用科学可持续发展的眼光规划设计，形成多用途、多功能一体化的体育场馆。在体育活动场所建造体育雕塑艺术，可让形态各异、主题鲜明的体育场馆、体育场地、体育器材有一定的艺术品位。

（三）体育教育人本化、体育制度人性化与激励机制多样化的植入

体育教育人本化是把培养学生的健康意识、终身锻炼意识、全民健身意识及与人交往合作意识作为重点，充分照顾到学生的兴趣爱好，满足学生的需求，重视学生的主体地位，关注学生的个体差异，确保人人都能享受到体育锻炼的乐趣。

体育制度人性化能激励、凝聚和调动师生参与体育活动的积极性，发挥他们在体育教学、课外体育活动和运动训练及体育科研中的主观能动性。体育制度具有体育运动规则、体育管理制度、体育运行模式三个层面的含义。

激励机制多样化主要是指语言的激励、动作的激励、情感的激励、氛围的激励、情景的激励、榜样的激励、目标的激励、成功的激励、关怀的激励、竞争的激励、人性的激励、测试的激励以及体验的激励等。

（四）体育道德与风气的植入

体育道德是体育活动参加者共同遵守的行为规范，是在体育活动中调整和制约人们相互关系的行为准则。在体育活动中，锻炼人的意志品质应从以下几方面进行。

首先，锻炼人对事物的判断能力，提出明确而客观的目标。

其次，找到好的实现目标的锻炼手段。

最后，通过克服心理与体力的障碍去实现目标。

通过以上几个方面，最终形成"学校有特色、院系有比赛、班级有活动、人人有项目"的校园体育运动氛围的良好风气。

（五）体育课程精品化与体育俱乐部规模化的植入

体育课程精品化必须坚持以学生为本，以满足学生自主选课、选师、选时的需要为基本出发点，以培养学生健康成长为根本目标。体育俱乐部规模化是指设计艺术体育课程的理论与实践教学，以"知识、能力、素质"型人才为培养目标，着重培养学生的健康形象，人文素养以及科学的自我健康管理方式，使学生得到全面发展与提高。

（六）信息交流网络化与宣传方式多元化的植入

网络正以多元的方式和飞快的速度改变着人们的生活，成为师生活动的重要内容，它具有打破时空限制，扩大传播范围，提高时效的特点，要充分利用它的特点优势，建立一系列体育网络平台，为广大师生服务。同时，还要利用校园中的海报张贴及黑板报、窗刊、校报、标语、廊画、雕塑等制作对体育文化进行多元化宣传。

（七）高水平运动队品牌化与群体竞赛日常化的植入

以高水平运动队拉动学校群众体育运动的普及与提高，形成"人人关注、人人参与、人人受益"的日常化校园体育育人氛围，促进学校体育事业的发展，提高校园体育文化的向心力和凝聚力。

第二节　体育艺术教育与校园文化的互动关系及互动模式

一、体育艺术教育与校园文化的互动关系

校园文化是指以学生为主体、以课外文化活动为主要内容、以校园为主要空间、以校园精神为主要特征的一种群体文化。虽然体育艺术教育从属于社会文化系统中的一个子系统，但它并非直接存在于社会文化之中，而是依托于校园文化而存在的。体育艺术教育存在于校园文化之中，校园文化又处于社会文化之中，是社会文化的反映，也是体育艺术教育与社会文化之间的媒介。校园文化往往通过各种途径和方式接受社会上各种各样的思想、理论、观念、思潮，并在校园内汇聚和碰撞，把社会文化内化到自身的内容之中，在校园这个大环境中，又通过一系列校园文化活动将社会文化的要求和价值取向传递到体育艺术教育中。

体育艺术教育要通过校园文化这个媒介，通过一系列互动向社会文化进行信息反馈，并对一些新兴文化现象进行传播。校园文化环境和氛围对于实现学校教育目标、改变校园生存群体的生活方式、学习方式以及习惯的养成都具有重要的作用，而学校体育艺术教育和学校的办学理念、培养目标、校风校纪、生活方式等内容紧密相关。

（一）体育艺术教育与校园文化的部分功能相仿

校园文化活动丰富多彩，可以使广大学生求知、探索、社交、友谊、娱乐等需求得到满足，从而获得丰富的情绪体验，在实践中锻炼辨别力、鉴赏力，进而陶冶人格和灵魂，以充实生命，升华人生。而体育艺术教育是健康高雅的体育活动，具有进取、竞争、对抗、承担负荷、战胜艰难困苦和经受胜败考验等特点，在练习过程中，有利于对学生追求优胜、勇敢顽强、坚毅果断、不畏艰难、不屈不挠的意志品质进行培养，实现精湛的技巧与身体美、精神美的交相辉映，并能将学生多样的审美要求激发出来，促进广大学生审美能力的不断提高，在潜移默化中使学生树立正确的审美观，增强学生的自我调控能力，开阔学生的视野和思维，使其心灵更加纯洁，精神更加高尚。

（二）体育艺术教育是校园文化的内核

体育艺术教育是校园文化的内核，校园文化是体育艺术教育的外延。从本质上讲，校园文化的总体功能是育人，表现在教育学生树立正确观念、增加知识和技能、培养能力、

陶冶情操、提高综合素质等方面。作为学校教育的一部分，体育艺术教育包含了三个层次的内容，分别是体育艺术知识、体育艺术技能和体育艺术精神，体育艺术教育与校园文化具有类似的功能，因此有利于培养学生的这些能力。

学校教育是学生逐步社会化的重要过程，要促进学生思想和人格的成熟，不仅要让他们从课堂上和书本里学到一些间接经验，更要从校园风气和文化氛围中吸取基本素养和思维方式，对其创新精神和实践能力进行培养。丰富多彩的校园文化生活可以从不同侧面、不同层次为学生提供更多的学习条件和机会来接受体育艺术教育，并为他们提供展示、锻炼、表现、提高自我的舞台和实践的机会，从而提高他们的艺术素养，所以说校园文化又是体育艺术教育的外延。

（三）校园文化对体育艺术教育具有导向作用

体育艺术教育存在于校园文化大环境中，二者都是以师生为主体、以校园为空间、以体现和追求价值观为共同目的。作为时代的产物，文化必然在一定程度上反映时代的特征，校园文化同样如此。处于社会文化之中的校园文化往往通过各种途径和方式把社会文化纳入自身内容之中反映着社会文化，这也是体育艺术教育与社会文化的媒介向体育艺术教育传递着社会文化的要求和价值取向。校园文化对体育艺术教育的发展具有制约作用和导向作用，是体育艺术教育的领导文化和指南针。然而，现代学校教育的发展正处在文化接受的开放性阶段，各种思想、理论、观念、思潮在学校汇聚和碰撞，并对体育艺术教育产生了影响。

作为校园文化的内在组成部分，体育艺术教育对校园文化具有一定的反作用，在一定程度上可以通过某些教育现象和问题向校园文化反馈这些不利的信息，促使校园文化对社会文化进行有目的的评价、比较、认可和选择，对体育艺术教育进行更优质的引导。所以，体育艺术教育又对校园文化具有反馈作用。

（四）体育艺术教育和校园文化相互推动

校园精神文化是校园文化建设的核心与关键。从形态上来看，可以将校园精神文化大致划分为以下三种。

第一，智能型文化。主要指以增长知识、开发智力为主要目的的文化累积。

第二，观念型文化。指包括价值观念、道德观念、审美观念等在内的一些观念和思想。

第三，素质型文化。指由历史的积淀而形成的特有的校园风气和校园精神。

实践证明，体育艺术教育可以促进校园精神文化建设，这主要表现在以下几方面。

首先，通过第一课堂传授给学生体育艺术方面的知识和技能，有助于培养学生的形象思维和逻辑思维能力。

其次，通过自身的诱发作用和感染力，培养学生正确的人生观、世界观和价值观，提升审美观。

最后，通过教育和陶冶功能，促进学生综合素质的发展，培养师生的爱国主义、团结友爱和集体主义精神和积极向上的风气。

校园文化是体育艺术教育存在与发展的大环境，具有导向作用，校园文化的提升将会给体育艺术教育提供更广阔、丰富的外延，更正确、优质的导向，也必将推动体育艺术教育的发展。

二、体育艺术教育与校园文化的互动模式

（一）理念层面的互动

素质教育是一种以促进受教育者诸方面素质提高为根本目标的教育模式，是德、智、体、美、创新精神和实践能力以及人格全面和谐发展的教育。学生是这一教育理念的主体，它实际上是一种人本教育理念，强调人内在身心潜能的发展及外在文化知识和社会规范向个体心理品质的内化。

在素质教育的推广与实施中，体育艺术教育是一个关键的突破口，在很大程度上影响着人的全面发展，能开发学生智力，增强学生体力，挖掘学生潜能，培养学生的情感体验与形象思维、逻辑思维能力，塑造和健全学生的完善人格，树立正确的人生观、价值观和审美观，可以说贯穿体育艺术教育的也是一种人本理念，以人为本，教育人、改造人、完善人，体现素质教育的价值取向，以求促进学生的全面发展。

从本质上来看，校园文化是指向人、塑造人的，对人具有教育、陶冶的功能。校园文化具有的理念，推崇的民主意识、平等原则、团队精神以及承认差异、尊重个性、鼓励创新、促进全面发展等价值观取向显然与素质教育"以人为本"的理念具有一致性，并在发展过程中相互联系、影响与促进。也就是说，在理念层面上，体育艺术教育与校园文化是统一的，它们都遵循"以人为本，促进学生全面发展"的理念，通过认同素质教育、推进素质教育来进行互动。

（二）结构层面的互动

体育艺术教育和校园文化在结构上都是以学生为主体，以教师为导向，以校园环境为主要空间。校园文化的形成离不开学生，首先只有全体成员广泛认同并普遍接受学校的某些教育理念时，才能形成群体的行为，才能内化为个体的思想，校园文化才能逐渐形成，这个过程中学生是主体。体育艺术教育和校园文化都强调学生的内在身心潜能的发展以及外在的文化知识和社会规范向个体心理品质的内化，以达到增强学生身心素质，提高学生思想道德素质，完善学生人格，促进学生全面发展的目的。在接受和传播校园文化的过程中以及接受体育艺术教育的过程中，学生依旧是主体，教师的作用主要是导向。在校园文化和体育艺术教育互动中，学生是媒介，起着贯通的作用，在它们之间传递各种思想、理

念、信息，并体现在自己的行为中。所以，体育艺术教育和校园文化是通过以学生为主体的这种结构进行互动的，在这个过程中老师起导向作用，以校园环境为主要空间。

（三）阵地层面的互动

第一课堂是体育艺术教育的主阵地和主渠道，但这不是唯一。第二课堂是建立在有形教育与无形教育之间的，在时间与空间上更为开阔的，可以承载更为丰富多彩的教育形式和内容的教育阵地和渠道，它在体育艺术教育和校园文化建设中有不可替代的地位和作用。第二课堂是第一课堂的外延和补充，为学生提供展示的舞台和实践的机会，对体育艺术教育的质量和水平同样具有重要的作用。

第二课堂是校园文化建设的重要载体，反映校园文化的理念和风格，是校园文化的缩影，包括实有类活动课堂和虚拟类网络课堂。

第一，活动课堂包括对内整合式的各类表演、竞赛活动以及体育艺术类社团等校内艺术资源开发，也包括对外拓展式的体育艺术社会实践活动等校外艺术教育资源开发。

第二，网络课堂包括特色鲜明的体育艺术教育校园网的开辟和利用网络开展的体育艺术教育与专业教育相结合的活动以及对网上体育艺术教育资源的综合开发。

需要注意的是，第二课堂也不是校园文化的唯一阵地，也需要第一课堂向学生传递智能型、观念性、素质型文化，为校园文化的发展提供原动力。所以，虽然体育艺术教育和校园文化的主阵地不同，但都是共同借助第一课堂和第二课堂来进行传播和互动的，并相互依托、相互渗透。

第三节　校园体育教学艺术及发展

一、体育教学艺术的含义

（一）体育教学与艺术更相通

艺术是由语言、动作、线条、色彩、音响等不同手段构成形象以反映社会生活，并表达作家、艺术家的思想感情。艺术以人为表现对象，对社会发挥认识功能、教育功能和审美功能。

体育教学艺术同样要用语言来传授知识、交流感情、组织队伍调动等；要用动作作为教师的示范、学生的模仿对象，来完成运动方法的学习和运动技术的掌握；要用线条和色彩来规划场地、指明运动方向和合理调动；以最完美的器材摆放来提高学生完成动作的密度和强度，取得最佳教学效果；要用图片来讲解运动技术要领；要用音乐来完成配乐体操等。总之，体育教学要用说、形、声、色的综合运用来调动学生的视觉、听觉和一切注意力，完成大纲规定的教学任务。

艺术是通过语言、动作、线条、色彩、音响等的综合运用来表达作家、艺术家的思想感情，是以人为表现对象。体育教学同样是通过语言、动作、线条、色彩、音响等的综合运用来完成教师的教学设计，满足学生的学习欲望，达到学生追求的目标，这同样是以人为表现对象的。体育教学过程是师生互动的过程，而且双方都带有强烈的思想感情并富于变化。体育教学大多在室外环境开展，室外环境富于变化，其活动过程同样发挥着认识、教育和审美的三大功能。

另外，体育教学本身是体育学科与科学技术的结合。在体育教学活动中，既要遵循体育科学知识的逻辑性、系统性和体育教学本身的各种规律和原则，又要讲究教学艺术。因为在室外环境下的教学要比在室内环境中的教学更复杂。更重要的是，体育教学的特征是头脑（智力）和身体（体力）相结合的教育过程，它的教学目标不仅包括增强学生的身体素质，还包括开发学生的智慧，培养和发展学生的非智力因素。所以，体育教学的要求更具艺术性；教学方法要具有灵活、形象性；教师的动作示范要具有优美性；教师的语言运用要具有启发、情感性；场地、器械的运用要具有规范、创造性。所以，好的体育教学现场课能够使观摩者被其艺术魅力而深深吸引。

（二）体育教学艺术具有特殊性、复杂性和高超性

1. 体育教学艺术特殊性、复杂性的表现

（1）体育课堂教学结构与人的生理活动规律紧密联系

体育教师在教学设计和方法运用上，一定要考虑人的生理活动规律，从课堂的开始部分到准备部分、基本部分和结束部分，都要合理安排和调动。随着课堂教学改革的不断深入，很多体育教师的教学设计已经逐渐从文字上摆脱了较传统的三结构或四结构形式，而实质上人的生理活动的规律是永远存在的，只是需考虑如何运用会更灵活些。这种人的生理活动规律的存在要求体育教学设计应更具有艺术性。

（2）体育教学过程处在动态环境中

在体育教学中，教师的语言和教师的形体活动紧密结合，缺一不可。学生活动的方式是不断变化的，位置是不断移动的。此外，学生对运动技术从学习到掌握的过程不完全是智力因素的表现，更多的是非智力因素起关键作用。体育运动是学生复杂的生理活动和心理活动紧密联系的过程，很多特殊的生理变化或心理变化决定了学生学习的成功和失败。所以，体育教学过程的动态环境要求突出教学设计的艺术性。

（3）体育教学环境的变化

室外教学的场地比室内大了，同时学生活动的自由度也增加了。不像在室内，学生的一切活动一般都在自己的座位上或小范围中进行，活动自由度受到限制。而室外视野开阔、空气新鲜，使人心情开朗、追求自由发挥的激情增大，再加上室外环境的"干扰"，都会增加教师组织教学的难度。所以，教师应合理安排，使教学既规范，又不影响学生的

学习激情，努力排除干扰，促进教学目标完成，增加教学艺术表现和魅力。

（4）体育教学课堂是教师与学生的互动过程

师生互动过程的实际反映非常复杂：有教师与学生集体间的关系；有教师与学生个体间的关系；有学生与学生个体间的关系；还有学生个体与学生集体间的关系；甚至还有学生与学生小群体间的关系。复杂的关系网络带来了复杂的感情与学习环境的变化，在一节课中这种变化不是固定的，而是随着教学任务和目标的变化而变化的，这就使教师的教学设计难度更大了，同时教学情感交流的复杂性也更明显了。所以，体育教学本身存在的艺术性表现空间就更大了。

2. 体育教学艺术高超性的表现

体育教学的特殊性质决定了体育教学的艺术性。

首先，过去人们将体育的性质认定为健身强体或社会文化的表现。随着社会的进步、教育的发展及"健康第一"指导思想的确定，体育教学的功能主要表现为培养适应21世纪发展需要的人才。体育教学不只为培养学生健康的身体服务，还应为培养学生健康的心理而服务，它是智慧与体质的结合，是智力与非智力因素的结合。所以，体育课堂教学的目标定位扩展了，认知目标和情感目标的有机结合必然促进各种教学艺术的结合而上升为更高超的艺术表现。

其次，体育教学客体——学生之间存在差异，学生的智力水平、智慧表现方式及形体都存在不同。体育教学的本质任务是促进学生形体发育，提高学生的身体机能。但不同学生的形体、机能往往存在明显的差异，而这些差异往往导致他们在体育课堂上会取得不同的学习效果。教师如何使学习的主体——学生都能学好教材，达到教学目标要求呢？这就需要教师有较高的教学水平，有适宜的教学手段和方法，形成更高超的教学艺术。

最后，体育教学过程的动态环境使体育教学形式更加生动活泼，同时也增加了完成教学任务的难度。教师应使其合理地结合，达到这样一种境界：科学知识学习的严肃规范性与教学艺术的完美结合；教师适宜的教学手段和方法与学生好动和自主学习态度的结合；教师新的教学观念的树立与学生终身体育观念形成的结合等。随着教育的不断发展，体育教学取得了明显的进步，从教材到教学的表现形式都有大的突破，这也是通过体育教学的高超艺术来达到的。

二、体育教学艺术的特征

（一）语言多样性

表达体育教学内容必须通过教师的语言来叙述。语言表达有两种形式，分别是语言性语言和非言语行为。体育学科与其他学科相比而言，非言语行为所占的比重较大，而且非常重要。它不仅是情感与态度的表达，而且本身就是教学内容，是学生要学习的形体动作。

在语言性语言中又有说话的语言与口哨指挥语言。教师运用口哨能表达自己的思想，这是体育教学的特殊性表现，口哨的使用艺术是体育教学艺术中的典型特征。优秀的体育教师必须具备非言语行为和语言性语言中的口哨运用技艺，它既是教师教学艺术的条件，又是吸引学生情感的"磁石"。

（二）直观形象性

直观形象性是体育教学艺术的一个典型特征。学习体育教材内容需要通过以下两种手段来完成。

第一，体育教师利用语言的讲解，分析运动技术要领，确定运动技术重点、难点，指明保护与帮助方法等。

第二，体育教师通过自身形体的示范，给学生建立动作的整体形象以及运动动作的形象概念，激发学生的形象思维，促进学生掌握运动技术。

体育教学艺术是语言的形象描述与形体直观展示的高度结合，二者缺一不可。

（三）动态差异性

动态是体育教学的典型特征之一，指一切活动都在"动态"环境中进行，这主要体现在以下几个方面。

第一，教师的位置可随时改变。

第二，教师可随时调整形体示范动作，以有利于学生的观察。

第三，学生个体、集体队伍随时变动。

动态性是体育教学区别于其他学科教学的艺术特性。

体育教学艺术的差异性反映在师生两个方面。一方面，教师全面发展，语言精练、富于情趣、善于激发、富于乐趣；动作示范优美规范；组织调动合理简练；声音有变化；运动量、练习密度合理等。另一方面，学生学会动作，完成教学目标。可教师之间、学生之间总是存在差距，教师应在全面发展的基础上重点发展自己的个性；学生应根据自身条件，不断努力分层实现自己的目标。所以教学艺术的表现应在教与学两个方面都有差异，这种差异也是体育教学艺术合理性与圆满性的体现，体育教学艺术具有动态的变化、艺术表现的差异性特征。

（四）激趣情感性

体育能够促进学生全面发展，可以使学生终身受益。现代体育教学也正是沿着这个方向改变着我们的体育教学观念，从唯"本质增长""机能发育"到心理、生理的全面发展，其重要标志之一就是培养和建立学生终身体育观念。建立终身体育观念的关键条件就是学生对体育的兴趣和情感。兴趣来源于运动项目的吸引力，情感来源于教师的教学艺术。我国古人强调"教必有趣，以趣促学"，孔子说："知之者不如好之者，好之者不如乐之者。"

朱熹指出："教人未见意趣，必不乐学。"都说明了这个道理。随着体育教学的改革与发展，体育教学中大量运用游戏教学形式，促进了学生智力因素和非智力因素的培养与发展，教师的微笑及情感注入课堂等，都是体育教学艺术激趣——情感性特征的反映。

（五）全面发展性

现代体育教学的目标是为人才的全面发展打好基础。体育的健身与健心的同步发展，是"健康第一"指导思想在体育学科的具体表现。学习体育运动项目的动作，掌握这些动作的技术，形成技能，是学科知识的教学需要。通过体育教学艺术而要达到的最终目标是学好体育，建立终身体育观念，使学生终身受益。所以，体育教学艺术在教学过程中的"美"的情感的激发，必然促使学生运动欲望的产生，这种欲望的满足，完善了学生对美的追求，最终达到了身心健康与全面发展，这种对科学与艺术的完美结合的追求，对健身、健心的追求是体育教学艺术的重要特征。

（六）审美独创性

现在，越来越多的人认识到体育教学活动蕴含着丰富的美、贯穿着美的规律。体育教学教材的动态美，教学过程中教材、场地、器材的和谐美，同样的动作所表现出来的不同方式的美，是体育教学美的独特表现，是审美与创造的结合。体育教学活动的美无处不在，通过教学艺术的启迪，可感染学生的情绪，吸引学生的兴趣，强化学生的学习态度。青少年好动，好动鼓舞着学生对姿态美、动作美的追求，无形中将体育的科学知识和体育动作的美的表现完美地结合起来。使学生在运动中感受到美不可言，体验到一种乐趣，并唤起他们的灵感和创造性。而体育教学艺术在启迪和发展这些灵感和创造性的过程中，也形成了教师对美的追求和个体的独创欲望和能力，表现出各具特色的体育教学艺术。学生需要教师对美的挖掘的启示，教师也需要学生对美的追求愿望的刺激，这种正反双向作用对促进体育教学艺术的发展和完善具有重要的意义。

三、体育教学艺术的功能

体育学科的教学艺术特征与其他学科有区别，其功能也具有自己的独特之处，具体表现在以下几个方面。

（一）促进运动技术掌握，形成熟练技能

学生要掌握运动项目固有的运动特征，学习体育运动项目技术是关键，这种学习是一个复杂的过程，有生理因素、心理因素；智力因素、非智力因素的参与。这种双重的参与提高了学生参与的能力，使学生的运动技能逐渐达到熟练。所以体育教学艺术从方法到手段都发挥了教师的机智，教师运用教学才华完成技术的教学，而且是有层次的教学。这个层次一方面是指技术学习本身的技术层次由浅入深、由单个技术到复杂技术的组合；另一方面是指技术教学方法必须符合学生生理、心理差异的不同层次，教学方法和手段要突出

体现因材施教，而且教学艺术也突出了教学过程的师生互动。体育教学主要是室外教学，因此外界的干扰较大，受环境的变化影响更大。体育教学艺术能有效地适应这些变化，排除干扰，促进学生掌握信息的速度和强度的提高，对体育教学进行调整和控制，使技术学习向形成熟练的技能有效转化，从而促进体育教学效果的提高。另外，教学艺术使教师讲解技术与组织练习有效结合；使启发思维与直观形象有效结合；使教学媒体与技术教学有效结合。总之，教与学总体的有效结合，能促进技术的掌握和技能的发展，是典型的静态教学与动态教学的结合。

（二）以美促练，美化人的心灵

体育教学中的美无处不在。体育教学艺术反映了体育教师语言的美、运动技术示范动作的美、教学场地的美、器材布置摆放的美等，这些美感染了学生，提高了学生参与体育学习与锻炼的积极性。另外，各项运动自身都具有美的节奏和美的旋律。所以，运动的技术学习以及参与运动的整个过程，都可以说是一种美的具体体验。凡是经常从事体育运动的人，其形体必然具有运动美的风采，这是人的外部形态的表现。更重要的是，体育教学艺术的美能改善学生的情绪状态，甚至可以使学生合理宣泄不良情绪，消除心理紧张，放松身心，调节心理状态和维持心理平衡。

体育教学艺术的美能促使学生之间的人际关系更加协调，促进学生合作与竞争意识的提高。对学生的一生来说，这种人际关系和合作与竞争的意识非常重要，它培养了学生相互交往的心理适应能力，以及勇于进取、树立远大志向的积极向上的精神。另外，体育教学艺术的美对于锻炼学生勇敢、果断、顽强的意志和高尚的道德品质具有重大意义。总之，体育教学艺术的美有助于学生审美观点和能力的形成与发展，可促进学生美好心灵的成长与发展。

（三）创建氛围，提高组织管理能力

现代体育教学提倡建立师生合作、和谐共处的良好教学氛围，打破"师为上、生为下"与"师为先、生为后"的师道尊严，真正建立以学生为主体的新教学模式。我们反复强调体育教学的快乐、兴趣和美的享受，而体育教学还有另一面的精神，即经受艰苦的训练，经历必要的磨难教育。从兴趣和快乐中培养坚强的意志品质、顽强的战斗精神、勇往直前的气概等优秀品质是很难得的，学生只有尝试了"先苦"才能"后甜"。另外，从体育教学的本质属性来看，需要营造一个合作、和谐的教学氛围。体育教学艺术就能发挥这样的功能，既能严格要求，又不失兴趣和激励，使学生能适应一切条件和环境，达到教学目标。

（四）推进开放式体育教学发展

体育教学是学校体育的主渠道，但学校体育还包括课外体育活动、运动队训练、早操、课间操、校内外运动竞赛等多种形式，只有各方面统一才能促进学生身心全面发展，实现"健康第一"的目标。体育教学作为主渠道是一切的基础，主渠道修好了，才能保证其他渠道畅通无阻。所以，体育教学的发展应该是开放性的，服务于学校体育总目标的实现。优秀体育教师的体育教学是认真而富有成效的，这样才能保证其在体育其他方面的工作是出色的。因为体育教学艺术不只限于体育课堂上的表现，它会给教师带来全方位的发展，也同样能在学校体育的其他方面发挥"艺术"的功能，取得实效。从另一角度来看，不可能只通过每周2～3节的体育课就实现体育总目标。体育教学艺术同样能在学校体育各方面的工作中发挥高效益。

四、体育教学艺术的发展

（一）体育教学艺术的现代化发展

学校体育教育必须遵循教育的本质去挖掘学科内涵，实施体育教学的现代化。学校体育教学艺术必须按"三个面向"去发展，使学校体育教学改革朝着创建具有中国特色之路的方向不断发展，体育教学艺术的现代化发展包含以下几个方面。

1．体育教育观的现代化

《中共中央国务院关于深化教育改革全面推进素质教育的决定》中指出："实施素质教育，就是全面贯彻党的教育方针，以提高国民素质为根本宗旨，以培养学生的创新精神和实践能力为重点，造就'有理想、有道德、有文化、有纪律'的德、智、体、美等全面发展的社会主义事业建设者和接班人。""健康体魄是青少年为祖国和人民服务的基本前提，是中华民族旺盛生命力的体现。学校体育要树立'健康第一'的指导思想，切实加强体育工作，使学生掌握基本的运动技能，养成坚持锻炼身体的良好习惯。"

体育教学同样是实施素质教育的重要组成部分。所以，体育教学的现代化体现在学校体育必须树立"健康第一"的指导思想和素质教育的教育观念。

体育教学课堂、体育教学艺术必须面向全体学生，为全体学生的终身体育打下良好基础。因此，体育教育教学观念的现代化发展必须实现以下转变。

第一，从重竞技运动向树立"健康第一"的观念转变。

第二，体育课堂教学的单一模式向多层次、多特点的混合模式的转变。

第三，体育课堂教学必须从封闭式向开放式发展。

2．体育教学目标的现代化

体育教学目标主要是通过体育课程目标实现的，所以体育教学目标的现代化也指体育课程目标的现代化。

（1）体育课程目标的科学化

课程目标的科学化包括以下三个内容。

首先是教育、教学内容的选择必须围绕学校教育的总目标。

其次是课程不仅包括课堂教学，而且包括课堂外的各种教学活动。这一点对于体育课程尤为重要。

最后是课外活动应该是在教师指导下有目的、有计划、有组织的活动。可见，体育课程目标的科学化是在体育教育教学观念的现代化指导下的新的课程构建，是开展素质教育所需要的课程建设，是"健康第一"指导思想落实的核心。另外，课程目标的科学化还表现在体育课程应具有以下鲜明的特征。

第一，体育课程的实践性。必须通过身体的实践活动去实现教育总目标。

第二，体育课程的整体性。必须通过课内、课外相结合才能收到预期结果。

第三，体育课程的社会性。必须适应学生进入社会后的发展需要而主动发展。

第四，体育课程的差异性。必须适应人的身体条件和性别差异而因人而异。

第五，体育课程的非阶梯性。必须根据大、中、小各学段学生身心发育水平而因材施教。

第六，体育课程的复合性。既要提高学生的智商，又要提高学生的情商，使学生全面发展。

所以说体育课程既是素质教育的重要内容，又是学校实施素质教育的重要手段。

（2）体育教学内容的多样化

体育课程具有非阶梯性特征，许多体育教学内容和手段没有明显的先后顺序，这是体育与其他学科的主要区别之一。另外，能够促进学生身心素质提高的教材内容同样多种多样，没有先后之分。我们必须改变过去全部取用竞技运动项目来作为学校体育课程内容的单一的、纯竞技性特征的传统教学内容选择模式，大量增加娱乐性、健身性、人文性、民族性及开放性等内容，丰富体育课程教材内容，再选用多样化的教学手段和方法，以实现现代化的教学目标。

（3）体育课程内外的一体化

随着体育教学的改革与发展，体育课程教学必须走开放式之路，将课内、课外从形式到内容相结合，将校内、校外从发展到巩固相结合。使体育学科在形式表现上成为学校诸多课程中最生动活泼、最富于实效的；使学生具有体育锻炼的积极性和自主选择进行锻炼的能力，使其终身受益。

3. 体育教学手段和方法的现代化

体育教学手段和方法的现代化主要是指教师在教学过程中必须贯彻"健康第一"和素质教育的指导思想，要为学生终身体育打好基础。当然，必要的场地形式的建设与体育器械设备的增加是应该的，但这些都必须服务于教育教学总目标的实现。

体育课程教学手段和方法的现代化，就是教学艺术的科学性与艺术性的有机结合。没有教学艺术，就没有现代化。因此，因人而异的"处方教学"、因材施教的"复式教学"

等才是真正意义上的"现代化",这些教学方法遵循学生生理、心理发展变化的规律和知识、技能的认知,能满足不同条件、不同要求学生的个性发展。

(二)体育教学艺术的可持续发展

体育教学艺术的可持续发展是为学生终身体育打好基础的现代学校体育发展观。现代体育教学艺术的可持续发展是对体育教育价值观的再认识,是对体育教育教学功能的再升华,是对体育教育教学目标的再理解和探讨。

1.对体育教育价值观的再认识

人、社会、环境的和谐统一是教育可持续发展的核心。"健康第一"指导思想的提出、《中共中央国务院关于深化教育改革全面推进素质教育的决定》的颁布、《全民健身计划纲要》的实施等为当代学校体育的人、社会、环境的统一和谐的发展提供了良好的条件,有利于推动学校体育教学艺术发展。

可持续发展战略在思想内核上以人类的整体和长远利益为着眼点,强调经济、社会、人口、资源和环境的协调发展。而教育科学的发展也是把促进或实现人的发展和社会性发展的协调统一作为理想的价值目标的。体育教学艺术所追求的目标是通过科学性发展人自身的素质,实现人与社会、环境的协调。从原始的健身观念向社会需求人才观念的发展,也是以人类的整体和长远利益为着眼点的,是以为社会、国家培养一代新人为目标的。只有这样,学校体育教学艺术才能有效地满足未来发展的教育需要,其本身才能取得更大的发展。

2.对体育教育功能的再升华

体育教育重点不应只是"体"的表现,而应是"育"的功能的全面展现。只有体育教学艺术才能较完美地实现真正的"体育"功能,才能培养德、智、体全面发展,有利于社会发展和进步的一代新人。只有实现体育教育的健身与健心功能的圆满结合,才能实现学校教育的政治功能、经济功能以及生态功能。

3.对体育教学目标的再理解

教育的目标是培养学生的德、智、体全面发展,为国家、社会培养一代新人。这一代新人也必须是能促进人、社会、环境统一和谐发展的可持续发展的人,这与体育教学目标的实现是紧密相连的。

体育教学艺术可持续发展的核心旨在协调自然、社会与人的发展。终身体育是体育范畴内的终身教育,是素质教育在体育领域中的具体实施过程中的表现和最终目标结果。对教育而言,人的可持续发展要求教育所培养的人才应具有扎实的知识基础、丰富的文化底蕴、孜孜以求的科学精神、强健的体魄、良好的心理素质,使学生走出校门、进入社会后,能适应日益变化的社会需求,并能接受更多的教育,进行自我教育,从而获得终身发展。所以,从此意义上讲,体育教学艺术的可持续发展,也就是人的终身体育的可持续发展，形成人对体育的毕生追求并终身受益。

第四节　高校体育艺术类课程体系的构建与实施

一、高校体育艺术类课程体系的构建

（一）高校体育艺术类课程体系的构建原则

1. 强化健康第一的导向性

促进大学生健康发展，发展高校体育教育必须坚持"健康第一"的指导思想。这充分体现了党的教育方针对高校体育的基本要求，并前瞻性地显示了体育学科与艺术学科交叉渗透的发展趋势。高校体育艺术类课程以促进大学生整体健康水平的提高及全面发展为目标，构建以技能、艺术、审美、认知、情感、行为等领域并行推进的课程结构，整合了多学科领域（体育、艺术、卫生保健、环境、社会等）的有关知识、促进了大学生健康意识、艺术意识和审美意识的提高。

2. 拓展个性发展的时空性

随着社会的发展，大学生的生活空间变得越来越广。高校体育将不再是专指高校校园体育，它已超越了学校的空间界限，面向整个社会和市场。高校体育课程已经不是大学生获得体育知识、掌握运动技能的唯一来源了，信息技术的高速传播提高了大学生掌握体育信息的能力。因此，开放性的高校体育素质教育能够使大学生的发展更加自觉、主动。

在高校体育教育中，提高大学生的社会适应能力是一项基本任务，这就必须构建高校体育艺术类课程，拓展大学生个性发展的时空，培养大学生高尚、积极、健康的情感世界，并且更加实际地培养大学生的体育能力、艺术修养和良好的心理素质。

3. 提高体育学习的积极性

对高校体育艺术类课程进行构建，必须对大学生的运动兴趣和爱好予以关注。大学生的运动兴趣是促进大学生自觉、积极地进行体育锻炼的内在动力。运动兴趣和习惯是促进大学生自主学习和终身坚持锻炼的前提。无论是选择体育艺术课程教学内容还是更新教学方法，都应对大学生的运动兴趣给予高度关注，只有激发和保持大学生的运动兴趣，才能使大学生自觉积极地学习体育艺术类课程。因此，在体育艺术类课程教学中，应坚持以人为本，发挥大学生的主体性，提高大学生的学习积极性和学习潜能，这能够有效保障体育艺术类课程目标和价值的实现。

（二）高校体育艺术类课程体系构建的基本内容

高校体育艺术类课程体系构建的基本内容具体可以分为一级指标和二级指标。一级指标包括：课程目标、课程内容、课程模式以及课程评价。其中，课程目标又分为：运动技能目标、运动参与目标、身体健康目标、心理健康目标和社会适应目标；课程内容分为：体育艺术类项目和体育艺术类课程教材；课程模式分为：目标型、选择型、俱乐部型、以赛促教型、分层型、发现型、三段型；课程评价分为：评价内容、评价方法和评价主体与方式，这些都属于二级指标范畴，而二级指标下还可以分出若干三级指标，体育艺术类课程的框架是在这些指标的基础上构建而成的。

（三）高校体育艺术类课程体系构建的基本框架

课程体系的设计构建离不开课程目标、课程内容、课程模式和课程评价这几个重要因素，因此构建高校体育艺术类课程体系必须结合课程体系的四大要素进行。有关学者在调查分析了我国普通高校公共体育课程及体育艺术类课程的现状，了解并掌握了基本状况，查阅了大量有关教育学、体育教育学等书籍和相关文献，收集整理了大量有关高校体育课程设置、体育课程教学模式以及体育教学内容和评价方式的资料后，并在把握了普通高校体育课程发展方向的基础上，对普通高校体育艺术类课程设计构建的基本框架进行了拟定。

二、高校体育艺术类课程体系的实施方案

（一）课程建设

课程建设作为课程体系构建中最重要的一环，在推广实施过程中至关重要。课程建设主要涉及的内容包括教材目标、教材内容、评价体系、教学组织、教学模式和方法等。构建体育艺术类课程教材，主要围绕健美操、艺术体操、健康街舞、啦啦队（操）、体育舞蹈、健身健美、校园健身舞蹈等项目进行，以专家构建为主，并在实践运用中不断完善教材体系。

教材建设的目标是能够为学校体育教育提供专业性、系统性、科学性、实用性教材，而且能够为学生健康教育提供专业服务。体育艺术类课程体系化建设是一个系统工程，是深化教学改革的配套措施，也是培养专业人才的手段，既是响应教育部学校教育方针的需要，以及新课程标准"健康第一"的宗旨和全民健身计划纲要的实施，也是各学校教育工作的需要。课程设计在内容选择上充分考虑学生不同学习阶段的特点，淡化竞技体育的色彩，提倡健身性体育项目，坚持全面发展和协调发展的原则，注重培养素质和能力，把学生培养成为全面发展并具有个性的专门人才；既考虑全体学生的基本需要和总体要求，又要考虑学生的其他差异，使每一个学生充分发展，注重个性，全面育人；它不仅注意更新内容和学习学科前沿知识，更注重对学生创新能力的培养，并促进学生需要的满足，真正落实健康教育。

体育艺术类课程的实用性很强，对于不同的群体其定位不同，大学群体的目标定位是培养技能；中学是促进身体健康；小学是促进身体健康与娱乐。该课程体系主要包括教

材、教学大纲、教学进度、试题库、多媒体教学课件、教案范本、教师培训模式及方法、师资评定考试标准及试题。

（二）师资队伍建设

普通高校体育艺术类课程构建体现了体育教育与艺术教育的高度融合。该课程项目多、内容多、类别多。开设这些课程，必须要有能胜任课程教学的教师，对教师的素质提出了很高的要求。教师不但要具备各种体育艺术类动作技术的教学技能，用生动形象、简洁流畅、富于启发的语言和正确优美的示范进行教学，而且要具备多种体育艺术形式的实践操作技能和教学技能，此外还要掌握最新的艺术教育理论、方法及技能。

（三）项目宣传

为大力推广实施体育艺术类项目，必须开展宣传工作。宣传的目标是让民众了解这类项目的内容、特征、特点、表现形式、健身娱乐性等多功能性。这些新兴项目大多来自国外，引进我国的时间比较短，开展和普及还不够完善。

为了让学生尽快了解这些项目，需要通过多渠道来建立推广宣传平台，举办各类项目培训，积极打造赛事平台。体育艺术类项目本身具有娱乐性和观赏性，对大众的吸引力很强，这样赛事和项目内容逐渐深入人心。同时通过媒体宣传平台来展示，通过社区活动、节日庆典、校际交往等活动进行演出，可以强化宣传效果。

在学校宣传上，首先要设立体育艺术社团，实施可行的体育艺术知识的宣传栏目，开设体育艺术理论和技术交流讲座；开展一系列丰富多彩的校园体育艺术文化活动，鼓励学生参与这些活动，使学生不断认识与了解体育艺术，使其体育兴趣范围更加广泛。

（四）保障措施

近年来，随着各高校不断推广体育艺术类课程，各高校领导对此十分重视。很多高校为此修改教学大纲，将体育艺术类课程纳入其中，同时还为课程的开设做后勤保障，如采取修建练习场馆、搭建学习交流平台、申报精品课程、开展专题讲座等措施予以支持和保障。

高校体育艺术类课程体系的实施离不开一系列保障措施，具体表现在以下几个方面。

第一，体育主管部门和教育部门的政策支持。

第二，学校领导的大力认可和支持。

第三，体育教师的热情参与。

参考文献

[1] 古特曼. 从仪式到记录：现代体育的本质 [M]. 北京：北京体育大学出版社，2012.

[2] 邴特. 高校体育教学评价体系的构建策略探究 [J]. 好家长，2016 (47)：1.

[3] 蔡舒. 翻转课堂在高校体育教学中的应用思考 [J]. 当代体育科技，2017 (32)：2.

[4] 陈军. 论高校体育教学评价体系的构建 [J]. 知音励志，2016 (3)：4.

[5] 陈蔚云，米秦生. 美国大学体育赛事赏析 [M]. 北京：人民教育出版社，2010.

[6] 丁葳. 影响我国高校体育教学发展的因素及对策分析 [J]. 快乐阅读，2015 (8)：1.

[7] 方慧. 体育教育的价值回归——促进大学生素质教育和终身体育培养的体育教学模式研究 [M]. 北京：化学工业出版社，2015.

[8] 方新普，杨叶红，董红刚. 中国体育利益均衡的理论抉择及其发展 [J]. 安徽师范大学学报（自然科学版），2013 (1)：5.

[9] 葛毕敬，郝宗帅，郑寿存. 河北省高校体育教育专业足球专选课教学评价体系构建 [J]. 沧州师范学院学报，2017 (2)：4.

[10] 关北光，毛加宁. 体育教学设计 [M]. 成都：西南交通大学出版社，2016.

[11] 胡小明. 体育美学 [M]. 北京：高等教育出版社，2011.

[12] 姜新生. 个别化教学策略 [M]. 北京：人民教育出版社，2012.

[13] 金宏伟. 影响高校体育教学发展的因素与对策探赜 [J]. 成才之路，2018 (1)：2.

[14] 李启迪，邵伟德. 体育教学基本理论研究 [M]. 北京：北京师范大学出版社，2014.

[15] 李野. 影响我国高校体育教学发展的因素及对策分析 [J]. 体育世界（学术版），2015 (2)：2.

[16] 蔺新茂，毛振明. 体育教学内容论 [M]. 北京：北京体育大学出版社，2014.

[17] 刘国永. 机遇与挑战：全民健身上升为国家战略的思考 [J]. 体育文化导刊，2015 (3)：6.

[18] 刘丽群. 课堂讲授策略 [M]. 北京：北京师范大学出版社，2012.

[19] 刘忆湘. 体育与文化 [M]. 武汉：武汉理工大学出版社，2010.

[20] 任勇. 高校体育教学评价体系构建研究 [J]. 中外企业家，2014 (27)：219.

[21] 石成银. 体育教学评价体系的现状与优化路径探讨 [J]. 内蒙古师范大学学报（哲学社会科学版），2017 (6)：4.

[22] 石华胜. 高等院校体育教学评价体系研究 [J]. 桂林师范高等专科学校学报，2016 (4)：4.

[23] 石华胜. 我国高校体育教学发展的制约因素及优化策略 [J]. 南阳师范学院学报，2014（9）：3.

[24] 宋晓洁. 浅谈俱乐部模式下的吉林省高校体育教学改革 [J]. 体育世界（学术版），2014（10）：2.

[25] 孙大光. 体育文化与概论 [M]. 北京：高等教育出版社，2013.

[26] 孙科，杜成革. 中国竞技体育的发展模式及其变革走向 [J]. 体育学刊，2012（1）：5.

[27] 谭永昌. 移动互联网对高校体育教学影响探析 [J]. 当代体育科技，2017（32）：2.

[28] 汤际澜. 国外公共体育服务均等化的理论研究与实践经验 [J]. 西安体育学院学报，2012（6）：6.

[29] 唐大鹏. 高校体育教学评价体系的构建——评《体育教学评价技巧与案例》[J]. 教育理论与实践，2017（2）：1.

[30] 王崇喜. 体育课程与教学改革研究 [M]. 开封：河南大学出版社，2014.

[31] 黄涛. 学校体育教学评价体系构建与可操作性研究 [J]. 才智，2014（19）：62.

[32] 王涛，王嵘蓉，王健. 体育文化基本概念分析 [J]. 体育文化导刊，2014（3）：4.

[33] 王勇. 构建科学与人文相融合的高校体育教学评价体系 [J]. 现代交际，2015（9）：231.

[34] 吴名菊. 教学评价体系在体育教学中的构建与可操作性分析 [J]. 人才资源开发，2016（16）：1.

[35] 叶向东. 多媒体技术在高校体育教学中的应用研究 [J]. 才智，2015（30）：194＋196.

[36] 俞达. 高校体育教学存在的问题及其应对措施 [J]. 教书育人（高教论坛），2015（3）：2.

[37] 张亚平. 学校体育教学与管理 [M]. 北京：中国书籍出版社，2014.

[38] 赵学森，蒋东升，凌齐. 体育文化与健康教育 [M]. 北京：北京理工大学出版社，2015.

[39] 赵翼虎. 人文体育教学概论 [M]. 北京：化学工业出版社，2014.